Was Sie schon immer über AUTO und UMWELT wissen wollten

Verlag W. Kohlhammer
Stuttgart · Berlin · Köln · Mainz

Innenteil aus 100 % Altpapier

Herausgeber: Bundesministerium des Innern
(erarbeitet vom Umweltbundesamt
Fachgebiet „Aufklärung der Öffentlichkeit
in Umweltfragen“
Bismarckplatz 1
1000 Berlin 33)

Redaktion:
Volkhard Möcker
Karl Georg Tempel

Fachliche Beratung:
Dr. Gerald Fleischer
Dr. Axel Friedrich
Jörg Hennerkes
Konrad Otto
Dr. Rolf Sartorius
Dr. Reiner Stenschke

Verlag W. Kohlhammer GmbH
Stuttgart · Berlin · Köln · Mainz

Printed in Germany
Technische Herstellung:
H. Heenemann GmbH & Co
2. Auflage (195 000)
ISBN 3-17-007313-3

INHALT

Vorwort

Das Thema Auto und Umwelt bewegt Politik und Fachwelt in unserem Lande seit zehn Jahren. Das Auto hat uns zweifellos ein Mehr an Freiheit gegeben. Es wird auch in Zukunft unverzichtbarer Bestandteil unseres Lebens sein. Fast jeder siebte Arbeitsplatz ist direkt oder indirekt vom Auto abhängig. Es hat aber auch mehr als jede andere technologische Entwicklung unsere Umwelt beeinträchtigt und Landschaften zerstört.

Was mich am meisten beunruhigt, ist die völlige Integration des Autos in unser Leben, ja die beinahe emotionale Abhängigkeit vom Auto. Kaum ein Ort, wo wir keine Autos antreffen. Kaum eine Tätigkeit, zu der wir uns nicht mittels eines Autos begeben. Kaum eine Planung, bei der nicht das Auto wesentlicher Bestandteil ist. Straßen, Garagen, Parkflächen ... Kaum ein Fleckchen, das von den Folgen des Straßenverkehrs verschont bleibt. Lärm, Abgase, Landschaftsverbrauch ... Von dem Verbrauch unersetzlicher Rohstoffe und Energien ganz zu schweigen.

Schon vor zehn Jahren hat die Bundesregierung in ihrem ersten Umweltprogramm von 1971 den Umweltproblemen einen zentralen Platz eingeräumt und eine Stufenstrategie zur Verminderung der Umweltbelastungen des Autos vorgelegt. Zwar konnten wird damit zum Teil drastisch die Schadstoffbelastung — z. B. mit dem Benzin-Blei-Gesetz — verringern. Dennoch ist insgesamt die Gesamtbelastung der Umwelt gestiegen, da sich im gleichen Zeitraum die Zahl der Kraftfahrzeuge nahezu verdoppelte.

Zukünftig wird nur noch das umweltfreundliche und energiesparende Kraftfahrzeug eine Chance auf dem Markt haben. Die Hochwertigkeit der Technik wird künftig mehr denn je am Energieverbrauch und der Umweltfreundlichkeit gemessen.

Wir wissen aber auch, daß neben Technik und schärferen Vorschriften nur ein neues Verhältnis zum Auto die Probleme lösen kann. Erst wenn wir nicht mehr bereit sind, dem Automobil vorbehaltlos Priorität vor anderen Verkehrsmitteln einzuräumen, wenn wir anfangen, den Fußgängern und Radfahrern gleiche Rechte zuzugestehen und bewußt auf das Auto auch mal verzichten können, werden wir unsere Umweltqualität verbessern. Unser Verhältnis zum Auto muß souveräner werden. Maßnahmen zur Verkehrsberuhigung, Verzicht auf Straßenneubauten, Verbesserungen in der Fuß- und Radwegplanung, die Einrichtung von Fußgängerbereichen und die Verwirklichung von Ruhezonen sind notwendige Schritte in diese Richtung.

Es geht nicht um eine Verteufelung des Autos. Es gilt, über Alternativen nachzudenken und sie zu erproben. Darum unterstütze ich auch Aktionen wie die Aktion „Autofreier Sonntag", da sie uns helfen können, eine neue Einstellung zum Auto zu finden: „Autofrei und Spaß dabei".

Gerhart Rudolf Baum
Bundesminister des Innern

Wie gut, daß es das Auto gibt

Kaum eine andere technische Entwicklung hat unser Leben so grundlegend verändert wie das Auto. Für die meisten von uns ist es heute unentbehrlich geworden, ja es gehört fast zur Familie. Das Auto ist Symbol unserer individuellen Freiheit und Unabhängigkeit, unseres Wohlstandes und unserer Wirtschaftskraft. Nicht ohne Grund ist das Auto zum Verkehrsmittel Nr. 1 geworden. Kaum ein anderes Verkehrsmittel kann sich mit ihm messen, denn mit dem Auto können wir jederzeit schnell und bequem zum Beispiel unseren Arbeitsplatz erreichen, unsere Einkäufe transportieren, Geschäfts- und Dienstreisen absolvieren, Ausflüge auch zu entfernten Zielen unternehmen, Freizeiteinrichtungen aufsuchen und in den Urlaub reisen.

Das Auto hat unser Leben bereichert, es hat unsere Beweglichkeit verbessert, es hat uns einen Zugewinn an Chancengleichheit gebracht: denn mit dem Auto sind wir flexibler bei der Wahl unseres Arbeitsplatzes; es hat deshalb auch dazu beigetragen, die Lebensverhältnisse von Stadt und Land einander anzugleichen.

Das Auto ist aber mehr als nur ein technisches Hilfsmittel zur Überwindung von Entfernungen und zum Transport von Gütern. Es gibt uns das Gefühl der Unabhängigkeit, es ist jederzeit verfügbar, und wir fahren mit ihm, wann und wohin es uns paßt. Es schützt uns vor unfreundlichem Wetter, seine „Panzerung“ nach außen und die weiche Polsterung im Innern vermitteln uns ein Gefühl der Sicherheit und Geborgenheit. Mit dem Auto genießen wir den „Rausch der Geschwindigkeit“ und das Gefühl der Ungebundenheit, zweilen auch von Macht und Überlegenheit gegenüber der Natur und den Mitmenschen. Bei keiner anderen Maschine ist der Kontakt des Menschen zur Technik so eng wie beim Auto.

Wie gut, daß es das Auto gibt.

Beachtliche Leistungen

Sieben von zehn Haushalten in der Bundesrepublik Deutschland verfügen heute über ein eigenes Auto. Und wie sehr dieses auch benötigt wird, verdeutlichen die Zahlen: im Jahre 1978 wurden nahezu achtundzwanzig Milliarden Bundesbürger in Privatwagen befördert. Während die Beförderungsleistung bei den öffentlichen Verkehrsbetrieben in den letzten zwanzig Jahren nahezu konstant blieb (jährlich ca. 6,5 Milliarden Fahrgäste), war es der private Personenverkehr, der dem steigenden Bedürfnis von uns allen nach mehr Beweglichkeit Rechnung trug. Und so benutzen heute nahezu doppelt so viele Menschen einen Privatwagen wie noch vor zwanzig Jahren. Dieses heißt, es fahren heute acht von zehn Mitbürgern im Privatwagen zur Arbeit, zum Einkauf, zum Besuch der Tante oder zum Spiel des Heimatvereines. Aber nicht nur die Beförderung von Personen, auch die pünktliche Versorgung mit Waren aller Art ist ohne private Verkehrsmittel nicht denkbar. Das gilt natürlich vor allem für ländliche und entlegene Gebiete, die nicht oder nur unzureichend an den öffentlichen Güterverkehr angebunden sind. Während der Nahverkehr nahezu ausschließlich mit privaten Transportfahrzeugen bewältigt wird, bringen Bahn und Schiff auch heute noch zwei Drittel aller Ferntransporte an ihren Bestimmungsort.

Wirtschaftsfaktor Kraftfahrzeug

Das Auto ist nicht nur ein wichtiges Verkehrs- und Transportmittel, sondern zugleich auch ein bedeutender Wirtschaftsfaktor. Die Automobilindustrie ist eine „Schlüsselindustrie“ unserer Volkswirtschaft, nicht nur aufgrund ihres wirtschaftlichen Eigengewichtes, sondern auch wegen ihrer engen Verflechtung mit anderen Wirtschaftszweigen, wie der Stahlindustrie, der chemischen und elektrotechnischen Industrie, der Kautschuk- und der Textilindustrie.

700 000 Beschäftigte zählt allein der Straßenfahrzeugbau (1978/79); eine gleich große Beschäftigtenzahl ist in den vorgelagerten Zulieferindustrien und Dienstleistungsbereichen von der Automobilnachfrage abhängig. Im nachgelagerten Bereich, in den Kfz-Werkstätten, im Kfz-Handel, im Tankstellen- und Garagengewerbe sind weitere 900 000 Menschen beschäftigt. Insgesamt ist jeder 7. Arbeitsplatz in der Bundesrepublik direkt oder indirekt vom Automobil abhängig.

Die deutsche Automobilindustrie produziert zur Zeit jährlich über 4 Mio. Kraftfahrzeuge, eine weitere Million wird von deutschen Firmen im Ausland hergestellt. Fast die Hälfte der inländischen Automobil-Produktion wird exportiert. Die Deviseneinnahmen aus dem Automobilexport belaufen sich auf fast 46 Mrd. DM im Jahr (1978) und sind damit dreimal so hoch wie die Ausgaben für importierte Fahrzeuge. Der Umsatz der deutschen Automobilindustrie hat 1978 erstmals die 100-Mrd.-Grenze überschritten; einschließlich des Automobilhandwerks werden sogar rund 115 Mrd. DM jährlich umgesetzt.

Produktion und Absatz von Kraftfahrzeugen haben sich in der Bundesrepublik Deutschland nach dem „Absatztief" der Krisenjahre 1974/75 kontinuierlich erhöht. 1978 wurden über 2,8 Mio. Kraftfahrzeuge neu zugelassen, so daß sich der gesamte Kraftfahrzeugbestand auf über 23 Mio. Fahrzeuge erhöht hat.

Die Geister, die ich rief ...

Das Auto ist das Verkehrsmittel Nr. 1. Aber es ist auch das Sicherheits- und Umweltproblem Nr. 1!

— Das Auto hat von allen Verkehrsmitteln den höchsten Anteil an der Umweltverschmutzung.
— Das Auto schafft die meisten Lärmprobleme.
— Das Auto hat den höchsten Verkehrsflächenbedarf.
— Das Auto hat — mit Ausnahme des Luftverkehrs — den höchsten Energieverbrauch pro Person.
— Das Auto ist das größte Unfallrisiko für uns alle.
— Das Auto ist selbst dann noch ein Problem, wenn es nicht mehr fährt.

Der größte Luftverschmutzer

Die Kraftfahrzeuge in der Bundesrepublik verbrennen Jahr für Jahr ca. 40 Mrd. Liter Kraftstoff zu 420 Mrd. Kubikmetern Abgase. Wenn auch diese Abgase zum überwiegenden Teil aus unschädlichen Bestandteilen wie Kohlendioxik, Stickstoff und Wasserdampf bestehen, enthalten sie auch beträchtliche Mengen gefährlicher Schadstoffe wie Kohlenmonoxid, Kohlenwasserstoffe, Stickoxide, Schwefeldioxid, Ruß, Blei und vieles mehr. Diese Schadstoffe können beim Menschen die Atemorgane schädigen, die Blutbildung und den Bluttransport beeinträchtigen, einige sind sogar krebserregend.

Der Anteil des Kraftfahrzeugverkehrs an der gesamten Luftverschmutzung beträgt z. B. bei Kohlenmonoxid über 60 %, bei Stickoxiden 30 % und bei Kohlenwasserstoffen gut 50 %. Da die Schadstoffabgabe nicht wie bei Schornsteinen in großer Höhe, sondern in Atemhöhe erfolgt, sind die Kraftfahrzeuge in unseren Städten tatsächlich die größten Luftverschmutzer. In den Straßenschluchten der Innenstädte beträgt der Anteil schädlicher Kraftfahrzeugabgase an der gesamten Luftverschmutzung bei einzelnen Stoffen zwischen 80 und 99 %!

Der größte Krachmacher

Meinungsumfragen zeigen es immer wieder: 30—35 % aller Bürger fühlen sich seit mehr als zwanzig Jahren durch Straßenverkehrslärm belästigt, von den Anwohnern von Hauptverkehrsstraßen beschwert sich sogar jeder Zweite über den Straßenlärm.

An der Spitze der Belästigungsskala stehen schwere Lastkraftwagen und Omnibusse, gefolgt von Motorrädern und Mopeds, leichten Lastkraftwagen und Personenwagen. In den Städten verursachen vor allem die vielen Brems- und Anfahrvorgänge und die oft langen Verweil- und Stauzeiten den erheblichen Lärm.Ein beträchtlicher Teil des Lärms ist auch auf das Fahrverhalten zurückzuführen: lautes Türenknallen, Kavalierstarts, Reifenquietschen oder auch ein defekter Auspuff können die Lärmspitzen wesentlich erhöhen.

Der größte Landschaftsfresser

In keinem anderen europäischen Land sind nach dem Krieg so viele Straßen gebaut worden wie in der Bundesrepublik

Deutschland: Unser überörtliches Straßenverkehrsnetz wird Ende 1980 rund 175 000 km zählen, davon sind 7 800 km Autobahnen und 33 000 km Bundesstraßen.

Heute entfallen auf je 1 000 km^2 Fläche in der Bundesrepublik fast 700 km überörtlicher Verkehrsstraßen. Insgesamt sind bisher 6 250 km^2 Fläche für den Straßenverkehr asphaltiert worden, das ist doppelt so viel wie die Fläche des Saarlandes. Zu diesen 6 250 km^2 müssen weitere 14 500 km^2 als „eingeschränkt nutzbares Umfeld" aufgrund der Umweltbelastungen (z. B. Lärm) durch den Straßenverkehr hinzugerechnet werden. Wie groß der Flächenbedarf des Straßenverkehrs ist, wird bei einem Vergleich mit der Eisenbahn deutlich: Um die gleiche Transportleistung zu erbringen, benötigt der Straßenverkehr 15—30mal soviel Fläche wie die Bahn.

Durch den Bau von Straßen wurden Landschaften zerschnitten und Lebensbereiche zerstört. Viele Städter fliehen vor den Umweltbelastungen durch den Autoverkehr in die Außenbezirke oder aufs Land: Die Folge ist eine Verödung der Innenstädte, die Zersiedlung der Landschaft und eine erneute Steigerung des Verkehrsaufkommens durch den Pendlerverkehr.

. . . und säuft und säuft und säuft

Nach den Bereichen „Haushalte und Kleinverbraucher" und „Industrie" ist der Kraftfahrzeugverkehr der drittgrößte Energieverbraucher in der Bundesrepublik: etwa jede 5. Energieeinheit wird für die Beförderung von Menschen und Transport von Gütern verbraucht. Der Verkehrssektor hat nach den Haushalten den höchsten Anteil am Mineralölverbrauch, und zwar 26 %: 23 % werden im Straßenverkehr und nur 3 % im Schienen-, Wasser- und Luftverkehr verbraucht. Allein die Personenkraftwagen verbrauchen über 17 % des gesamten Mineralöls. Im städtischen Nahverkehr benötigt ein mit 2 Personen besetzter Personenkraftwagen doppelt so viel Energie wie ein nur zu 25 % besetzter S-Bahnzug und dreimal so viel Energie wie ein zu 20 % besetzter Bus — pro Person und Kilometer.

Die Fortschritte bei der Entwicklung und dem Bau benzinsparender Kraftfahrzeuge sind bisher noch recht bescheiden. Seit der Ölkrise 1973, als die Risiken der Mineralölversorgung schlagartig sichtbar wurden, hat sich der Kraftstoffverbrauch der in der Bundesrepublik produzierten und neu auf den Markt gebrachten Fahrzeuge um ganze 7 % verringert. Im gleichen Zeitraum ist aber die Fahrzeuganzahl in der Bundesrepublik um mehr als 30 % gestiegen.

Alte Autos – Neue Probleme

Die Beseitigung von ausgedienten Autos ist auch aus Gründen des Umweltschutzes ein Problem: wild abgestellte Autowracks verunstalten die Landschaft, gefährden Wasser und Boden und sind Niststätten für Ungeziefer. Gottseidank werden heute bereits über 95 Prozent der Autowracks über den Schrotthandel der Verwertung zugeführt und die Behörden kümmern sich darum, daß auch die kriminell abgestellten Autos ihren Weg zum Schrottplatz finden — in aller Regel auf Kosten des letzten Eigentümers!

Aber nicht nur ganze Autos, sondern auch Autoteile wie Altreifen und Altöl müssen sachgemäß beseitigt werden. Allein in der Bundesrepublik fallen Jahr für Jahr über 320 000 Tonnen Altreifen an. Nur etwa ein Viertel hiervon wird z. Z. runderneuert und damit wiederverwertet, die restlichen drei Viertel werden überwiegend auf Deponien abgelagert, zum Teil aber auch verbrannt. Aber die Verbrennung von Altreifen ist problematisch: Reifengummi besteht zu 60 Prozent aus Kohlenwasserstoffen, zu 31 Prozent aus Ruß, zu 1,5 Prozent aus Schwefel und zu 3,4 Prozent aus Zinkoxid sowie aus anderen Stoffen. Die bei der Verbrennung entstehenden Gase können unsere Umwelt stark belasten, sofern sie nicht in besonderen Abgasreinigungsanlagen herausgefiltert werden.

1977 sind in der Bundesrepublik insgesamt 527 000 Tonnen Altöl angefallen, davon wurden 333 000 Tonnen aufgearbeitet und weiterverwendet, 185 000 Tonnen durch die Wirtschaft beseitigt und 30 000 Tonnen verbrannt. Damit war 1977 der Verbleib von 9 000 Tonnen Altöl unbekannt. 1978 sank diese Zahl auf 8 000 Tonnen, im Jahre 1979 dann auf 7 000 Tonnen. Ein beachtlicher Erfolg, aber immer noch 7 000 Tonnen zuviel, denn im Altöl sind u. a. giftige Lösemittel und Schwermetalle enthalten: schon kleinste Mengen Altöl können große Mengen

Wasser so stark verunreinigen, daß es für die Trinkwasserversorgung unbrauchbar wird.

Der Blutzoll

Ein besonders düsteres Kapitel des Autoverkehrs sind die Straßenverkehrsunfälle. Statistisch gesehen wird jeder zweite von uns im Laufe seines Lebens bei einem Verkehrsunfall verletzt, jeder von uns ist im Laufe seines Lebens rund neunmal an Verkehrsunfällen beteiligt. Die Gesamtzahl der Unfälle mit Personenschaden beträgt heute über 380 000 pro Jahr. Etwa 500 000 Menschen werden verletzt und 14 000 Menschen getötet. Erschreckend ist auch, wie stark die nichtmotorisierten Verkehrsteilnehmer von Unfällen betroffen werden: 25 % aller im Straßenverkehr getöteten Personen sind Fußgänger! Noch bedrückender ist die Tatsache, daß jedes Jahr in der Bundesrepublik etwa 1 300 Kinder im Straßenverkehr ihr Leben lassen, davon über 80 % als Fußgänger und Radfahrer und knapp 20 % im Auto selbst. Über 60 000 Kinder erleiden leichte und schwere Verletzungen, davon 70 % als Fußgänger oder Radfahrer.

Untersuchungen haben ergeben, daß die meisten Kinder nur deshalb verunglücken, weil sie in unmittelbarer Umgebung ihrer Wohnung keine ausreichenden Spielmöglichkeiten vorfinden, auf dem Weg zu den Spielplätzen aber stark befahrene Straßen benutzen oder überqueren müssen.

Die Bundesregierung handelt . . .

Verringerung schädlicher Abgase

Bereits im Umweltprogramm von 1971 hat die Bundesregierung den Umweltproblemen des Kraftfahrzeugverkehrs einen zentralen Platz eingeräumt und eine Stufenstrategie zur Verminderung der Umweltbelastungen des Straßenverkehrs entwickelt. Bereits in diesem Programm wurde das Ziel formuliert, bis zum Jahr 1981 die Schadstoffe im Abgas von Kraftfahrzeugen mit Otto-Motoren schrittweise auf ein Zehntel der Durchschnittswerte von 1969 zu reduzieren. Eine Fülle von Maßnahmen hat uns seitdem diesem Ziel näher gebracht.

Am 1. Januar 1972 trat die erste Stufe des „Benzin-Blei-Gesetzes" in Kraft, das den Bleigehalt im Benzin auf 400 mg/l beschränkte. In einer zweiten Stufe ab 1. Januar 1976 wurde der Bleigehalt auf nur noch 150 mg/l abgesenkt. Diesem Gesetz ist es zu verdanken, daß trotz eines seit 1970 um fast 50 % gestiegenen Benzinverbrauchs die Bleibelastung der Luft durch den Autoverkehr um bis zu 65 % gesunken ist.

Ab Oktober 1971 wurden erstmals Grenzwerte für Kohlenmonoxid und Kohlenwasserstoffe in Kraftfahrzeugabgasen festgelegt. Am 1. Oktober 1975 wurden die Grenzwerte für neu zugelassene Kraftfahrzeuge um 20 % für Kohlenmonoxid und um 15 % für Kohlenwasserstoffe gesenkt. Damit ergab sich insgesamt gegenüber früheren Durchschnittswerten eine Schadstoffverminderung von etwa 60 % bei Kohlenmonoxid und etwa 40 % bei Kohlenwasserstoffen. Damit der Teufel nicht mit dem Beelzebub ausgetrieben wurde, stellt darüber hinaus seit 1977 eine Vorschrift sicher, daß die Begrenzung der Kohlenwasserstoffe nicht zu einem Anstieg bei den Stickoxiden führt. Ab 1. Oktober 1979 wurden dann auf der Grundlage einer EG-Richtlinie die Grenzwerte für Stickoxide erstmals um 15 % und die Grenzwerte für Kohlenmonoxid und Kohlenwasserstoffe um weitere 19 % bzw. 12 % reduziert.

Die Maßnahmen zur Verringerung von Schadstoffen im Autoabgas müssen international abgestimmt werden, da wir auch nach Verabschiedung dieser Bestimmungen in unseren Läden italienische, russische, schwedische, französische, japanische, amerikanische oder englische Kraftfahrzeuge anbieten und unsere eigenen Kraftfahrzeuge im Ausland verkaufen wollen. Die Bundesregierung ist deshalb bei der Europäischen Wirtschaftskommission der Vereinten Nationen (ECE) und bei den Europäischen Gemeinschaften (EG) mit Vorschlägen für eine weitere Begrenzung der Kraftfahrzeugabgase initiativ geworden. Die Vorschläge zielen auf eine Herabsetzung der z. Z. in Europa geltenden Grenzwerte für die Schadstoffe im Abgas von Kraftfahrzeugen um ca. 50 % ab 1982. Die Annahme dieser Vorschläge würde bedeuten, daß das im Umweltprogramm von 1971 gesetzte Ziel, die Abgase auf ein Zehntel der Werte von 1969 zu senken, in Europa verwirklicht wäre.

Die Mitgliedstaaten der Europäischen Gemeinschaft zögern jedoch, auf die deutschen Vorschläge einzugehen, da sie zusätzliche Kostenbelastungen und Wettbewerbsnachteile für ihre Automobilindustrien befürchten. Die Bundesregierung hofft aber, durch ein schrittweises Vorgehen die Annahme ihrer Vorschläge bis spätestens 1985 zu erreichen.

Reduzierung des Verkehrslärms

Ein Bündel von Maßnahmen zielt auf Verminderung des Verkehrslärms: am wirksamsten und wirtschaftlichsten sind hier Maßnahmen, die an der Quelle, also am Fahrzeug selbst, ansetzen. Durch verschärfte Lärmgrenzwerte kann erreicht werden, daß die Automobilindustrie ihre Fahrzeuge, vom Kleinkraftrad und Motorrad über den Personenkraftwagen bis zum Lastkraftwagen, leiser konstruiert.

Auf der Grundlage einer Richtlinie der Europäischen Gemeinschaft werden vom 1. April 1980 an die zulässigen Geräuschgrenzwerte für Kraftfahrzeuge um Stufen zwischen 2 bis 7 dB (A) gegenüber den Werten von 1970 herabgesetzt. Die Bundesregierung hat sich in einem Memorandum vom Juni 1979 an die Kommission der Europäischen Gemeinschaften für eine noch weitergehende Verschärfung der Lärmgrenzwerte eingesetzt.

Der Schutz vor Verkehrslärm durch bauliche Maßnahmen an der Straße selbst oder an Gebäuden soll durch das „Verkehrslärmschutzgesetz“ verbessert werden, das z. Z. dem Bundesrat vorliegt. Darüber hinaus sollen durch eine Änderung des Straßenverkehrsgesetzes die Möglichkeiten, durch verkehrslenkende und verkehrsordnende Maßnahmen den Lärm zu bekämpfen, verbessert werden. Auch diese Gesetzesänderung befindet sich in der parlamentarischen Beratung.

Eine weitere Möglichkeit, Verkehrslärm wirkungsvoll zu bekämpfen, sind bessere Kontrollmethoden. Denn Lärmschutzvorschriften werden wirkungslos, wenn Fahrzeuge nachträglich manipuliert werden, um möglichst viel Motoren- oder Auspufflärm zu erzeugen. Wirkungsvolle Kontrollmethoden werden künftig dafür sorgen, daß das Risiko, sein Fahrzeug nachträglich lauter zu machen, immer größer wird.

Weniger Straßen — Mehr Umweltschutz

Auch dem Landschaftsverbrauch soll künftig Einhalt geboten werden: im Bundesverkehrswegeplan 1980, der die Fernstraßenplanung des Bundes enthält, sind rund 7 000 km bisher geplanter Autobahnen aufgegeben oder durch andere Bundesstraßenplanungen ersetzt worden. Beim Neubau von Bundesfernstraßen werden auch heute schon die Belange des Naturschutzes und der Landschaftspflege in verstärktem Maße berücksichtigt. Ein Teil der durch die eingeschränkte Straßenplanung freiwerdenden Mittel wird künftig verstärkt für Maßnahmen des Umweltschutzes eingesetzt werden.

Forschung für den Umweltschutz

Im Auftrage des Bundesministers des Innern untersucht das Umweltbundesamt bereits seit längerem alternative Antriebssysteme mit geringerer Schadstoffabgabe. Als Ergebnis dieser Untersuchungen wurde bisher festgestellt, daß der klassische Hubkolben-Motor auch weiterhin der optimale Pkw-Antrieb sein wird. Motoren mit Elektro-, Dampf-, Gas- oder Hybrid-Antrieb werden aufgrund der großen ungelösten Probleme auch in Zukunft nur eine untergeordnete Rolle spielen. Bei dem Hubkolben-Motor zeichnen sich aber eine Reihe zukunftsträchtiger Entwicklungen ab, die zum Teil schon heute realisierbar sind. Eine Strategie zielt dabei darauf ab, durch Änderung des Kraftstoff-Luft-Gemisches eine möglichst vollständige Verbrennung zu erreichen und damit die Schadstoffe zu reduzieren. Dieses sogenannte „Mager-Konzept" stößt z. Z. noch auf Schwierigkeiten, da ab einer bestimmten Abmagerung des Kraftstoff-Luft-Gemisches Zündaussetzer auftreten, die zu verschlechtertem Fahrverhalten und ansteigenden Kohlenwasserstoff-Abgasen führen. Es ist aber zu erwarten, daß durch den Einsatz verbesserter Einspritz- und Zündsysteme mit höherer Zündenergie das Mager-Konzept zum Erfolg gebracht werden kann.

Ein weiterer Lösungsweg zeichnet sich bei einer speziellen Motorengruppe, den Schichtlade-Motoren, ab. Hier wird abweichend vom Otto-Motor nicht mit einem einheitlichen Kraftstoff-Luft-Gemisch im gesamten Brennraum gearbeitet. Vielmehr wird nur in der Nähe der Zündkerze ein reiches zündfähiges Gemisch bereitgestellt, während im übrigen Teil des Brennraumes ein mageres Gemisch vorhanden ist. Dadurch gelingt es, insbesondere bei geringer Motorleistung, ein sehr mageres Gemisch ohne Zündaussetzer zu verbrennen. Ein japanischer Automobilproduzent produziert bereits seit mehreren Jahren erfolgreich Schichtlade-Motoren in großer Stückzahl, die jedoch z. Z. nur auf dem japanischen und amerikanischen Markt angeboten werden.

Während beim Mager- und Schichtlade-Motor versucht wird, die Schadstoffe Kohlenmonoxid, Kohlenwasserstoffe und Stickoxide durch unterschiedliche Maßnahmen im Motor selbst zu vermindern oder gar nicht erst entstehen zu lassen, zielt ein dritter Weg auf die Reduzierung von Kohlenmonoxid und Kohlenwasserstoffen außerhalb des Motors in den Abgasleitungen. Bei der katalytischen Abgasnachbehandlung werden die Schadstoffe in Konvertern bei Luftüberschuß nachverbrannt. Während die besonders erfolgreichen Katalysatoren auf Edelmetallbasis bislang einen bleifreien Kohlenstoff — wie er bislang nur in den USA angeboten wird — erforderten, wurden jetzt edelmetallhaltige Metallträger-Katalysatoren entwickelt, die gegen bleihaltige Kraftstoffe über einen längeren Zeitraum unempfindlich sind.

Mit Hilfe dieser Motorkonzepte lassen sich die von der Bundesregierung vorgeschlagenen Grenzwerte ohne Kraftstoffmehrverbrauch erreichen. Bei einigen ist durch die verbesserte Aufbereitung des Kraftstoff-Luftgemisches und dem verbesserten Verbrennungsablauf sogar eine Kraftstoffeinsparung von bis zu 8 % möglich. Die Herstellungsmehrkosten für den zusätzlichen technischen Aufwand werden nicht mehr als 350,— DM pro Fahrzeug betragen.

Während Lärmschutz noch in den ersten Jahren dieses Jahrzehnts weithin im Schatten anderer Umweltschutzbereiche stand, setzte sich in den letzten Jahren in allen Bereichen die Erkenntnis durch, daß die anhaltend stärker werdende Lärmbelastung der Bevölkerung eine verstärkte Anstrengung für besseren Lärmschutz erfordert.

Die Grundzüge der lärmschutzpolitischen Aktivitäten bis in die 80er Jahre hinein sind im „Aktionsprogramm Lärmbekämpfung" des Bundesministers des Innern enthalten, das im Oktober 1978 vorgelegt wurde. Die darin enthaltenen vorgeschlagenen „Zielwerte 1985" für die Lärmbegrenzung von Kraftfahrzeugen wurden im Juli 1979 vom Bundeskabinett übernommen. Neben der spürbaren Absenkung der Lärmgrenzwerte für Personenkraftwagen, Lastkraftwagen und Busse ist darin auch die Entwicklung eines lärmarmen Kleinkraftrades, die Begrenzung der Motordrehzahl und Geschwindigkeit für Kleinkrafträder und die Gewährung von Steuer- und Benutzungsvorteilen für leise Lastkraftwagen und Busse vorgesehen. Die Bekämpfung des Verkehrslärms kann nur dann befriedigend gelöst werden, wenn alle Möglichkeiten zur Minderung des Lärms an der Quelle stärker als bisher gefördert und genutzt werden. Deshalb werden u. a. für Forschungsprojekte zur Lärmbekämpfung jährlich 12 bis 15 Mio. DM ausgegeben. Lärmschutzmaßnahmen erfordern eine technische Verbesserung der Fahrzeuge ebenso wie auch einen leiseren Betrieb durch den Fahrer. Untersuchungen des Umweltbundesamtes haben nämlich gezeigt, daß ein undisziplinierter Fahrer so viel Lärm verursachen kann wie zehn das Fahrzeug besonders lärmarm betreibende Fahrer.

Bei den technischen Maßnahmen am Kraftfahrzeug wird vor allem der Motor-Kapselung die größte Bedeutung im Lärmschutz beigemessen. Hierdurch kann das Außengeräusch erheblich gesenkt werden. Umschließt man den Motor mit einer Kapsel, so kann man nicht nur das Geräuschverhalten günstig beeinflussen, sondern auch das Betriebsverhalten und den Verbrauch.

Im Auftrage des Bundesministers des Innern fördert das Umweltbundesamt z. Z. beim Volkswagenwerk die Entwicklung einer Thermo-Akustik-Versuchskapsel. Diese besteht aus einer Stahlblechschale mit Be- und Entlüftungsschächten, die jeweils mit Dämpfungsmaterial ausgekleidet sind. Der begrenzte Wärmestau in der Kapsel hat zur Folge, daß der Motor im Teillastbetrieb, d. h. vor allem im Stadtverkehr, auf eine höhere und verbrauchsgünstigere Betriebstemperatur kommt und diese Temperatur auch schneller erreicht. Auf diese Weise entsteht ein umweltfreundlicher, sparsamer Antrieb für Kraftfahrzeuge. Allerdings sind die thermischen Probleme bei Vollast noch nicht völlig beherrscht. Bis zur Serienreife ist noch eine Anzahl von Einzelproblemen zu lösen.

Obwohl es bereits heute technisch möglich ist, leisere Fahrzeuge zu bauen, stehen der Markteinführung leiser Fahrzeuge noch Hemmnisse im Weg. Für die Automobilindustrie sind Maßnahmen zur Lärmminderung mit Kosten verbunden. Die Absatzchancen für leise Fahrzeuge werden jedoch als unsicher eingeschätzt, so lange vergleichbare Fahrzeuge ohne Lärmschutz billiger angeboten werden können. Auch der Konsument hat noch keine merkliche Nachfrage nach leisen Kraftfahrzeugen entwickelt. Hier gilt es künftig, durch entsprechende Aufklärungsmaßnahmen auf das Bewußsein der Verbraucher einzuwirken.

Die Bürger als Partner

Die umweltpolitischen Maßnahmen der Bundesregierung können nur dann wirksam werden, wenn sie vom Bürger in all seinen verschiedenen Rollen, wie z. B. als Autofahrer und -käufer, als Anlieger einer Straße oder Betroffener einer Planungsmaßnahme verstanden und mitgetragen werden. Das allgemeine Umweltbewußtsein der Bürger in der Bundesrepublik ist in den letzten Jahren ständig gewachsen, viele sind bereit, selbst etwas für den Umweltschutz zu tun und auch persönliche Opfer zu bringen. Dieses wurde von Meinungsforschungsinstituten in über siebzig Umfragen, die seit 1970 durchgeführt wurden, ermittelt. Bürgerinitiativen haben die Vorstellungen vieler von Bau- und Planungsmaßnahmen betroffener Bürger zum Ausdruck gebracht, sie haben manchmal Versäumnisse aufgedeckt, Fehlplanungen verhindert und Alternativen zur Diskussion gestellt. Die Bürgerinitiativen sind damit zu einem ernstzunehmenden Partner im Dialog „Auto und Umwelt“ geworden. Dieses trifft für die Automobilindustrie, die Gewerkschaften, die Automobil-Clubs ebenso zu wie für die beteiligten Behörden.

Der autofreie Sonntag

Die meisten von uns erinnern sich noch gut an die ersten „Autofreien Sonntage“ während der Ölkrise im Spätherbst 1973. Mit vier Sonntagsfahrverboten für alle Kraftfahrzeuge sollte damals Energie gespart werden. Aber viel mehr als der Energiespareffekt blieben die Umwelt-Auswirkungen in guter Erinnerung: die Verminderung des Lärms und der Abgase, die Möglichkeiten, sich einmal ungefährdet auf Straßen und Plätzen zu Fuß oder mit dem Fahrrad bewegen zu können.

Seit dieser Zeit haben Bürgerinitiativen und Umweltverbände die Einführung von „Autofreien Sonntagen“ gefordert. Eine „Aktion Autofreier Sonntag“ hat sich gegründet und zehntausende zustimmender Unterschriften gesammelt. Das Umweltbundesamt hat in einem Gutachten über die Auswirkungen eines autofreien Sonntags, das im Januar 1979 der Öffentlichkeit vorgelegt wurde, empfohlen, zur Förderung des allgemeinen Umweltbewußtseins einen autofreien Sonntag auf freiwilliger Basis durchzuführen. Daraufhin haben Bürgerinitiativen, Radfahr- und Umweltverbände den Pfingstsonntag 1979 zum „Autofreien Sonntag“ erklärt und zahlreiche Aktionen wie Fahrrad-Sternfahrten und Bahn-Rad-Wanderungen unternommen.

Auch Bundesinnenminister Gerhard Rudolf Baum hat den Gedanken eines freiwilligen „Autofreien Sonntags“ aufgegriffen und den Aufruf der großen Umweltverbände unterstützt: am 8. Juni 1980 sollte erstmals bundesweit freiwillig auf das Auto verzichtet werden. Dabei ging es nicht darum, an einem Tage die Umwelt wieder in Ordnung zu bringen, sondern um Anstöße zu geben für einen vernünftigen und umweltbewußten Gebrauch des Autos.

Unter dem Motto „Autofrei — Spaß dabei“ wurde am 8. Juni 1980 von Tausenden umweltbewußter Bürger demonstriert, was man alles auch ohne Auto machen kann: Spazierengehen, Wandern, Fahrradfahrten, ein Straßenfest mit den Nachbarn, ein Ausflug mit Bus oder Bahn. Vieles, was an diesem Tag diskutiert und unternommen wurde, wirkte aber auch über den 8. Juni 1980 hinaus: die Einsicht, daß Freizeit ohne Auto auch Spaß macht aber auch die Erkenntnis, wie schwierig es geworden ist, in unserer „autogerechten“ Umwelt ohne das Auto auszukommen: daß Fuß- und Radwege fehlen, daß das Netz der öffentlichen Verkehrsmittel nur lückenhaft ausgebaut ist und diese darüber hinaus zu teuer und wenig komfortabel sind.

In diesem Sinne war dieser „Autofreie Sonntag“ keine einmalige Aktion, die rasch in Vergessenheit geriet, sondern ein Zeichen für die Neuorientierung unserer Einstellung zum Auto, für den sinnvolleren und umweltbewußten Gebrauch unseres beliebtesten aber auch gefährlichsten „Spielzeugs“, des Automobils.

Aufgrund des beachtlichen Anfangserfolges haben die Umwelt- und Naturschutzverbände der Bundesrepublik Deutschland beschlossen, künftig jeweils am letzten Sonntag im September zu einem freiwilligen Verzicht auf das Auto aufzurufen (1981: 27. September, 1982: 26. September, 1983: 25. September). Mindestens einmal im Jahr soll bundesweit über das Umweltproblem „Auto“ verstärkt nachgedacht werden: über die Schäden, die Tag für Tag angerichtet werden, und über die Erfolge oder Mißerfolge zu treffender und getroffener Umweltschutzmaßnahmen. Denn das Umweltproblem „Auto“ wird uns noch lange beschäftigen.

WÖRTERBUCH AUTO UND UMWELT*

***Fettgedruckte** Worte verweisen auf weitere Stichworte.

Verwendete Abkürzungen:

BGBL = Bundesgesetzblatt
GMBL = gemeinsames Ministerialblatt
i. a. = im allgemeinen
RGBL = Reichsgesetzblatt
u. a. = unter anderem
u. ä. = und ähnliches (m)
u. U. = unter Umständen
z. B. = zum Beispiel
z. Z. = zur Zeit

(Patente, Gebrauchsmuster und Warenzeichen werden nicht als solche ausgewiesen. Bestehende Verwertungsrechte u. ä. werden nicht erwähnt. Die Angabe von Markennamen, Herstellern u. ä. erfolgt stets nur beispielshalber.)

Abgas

Bei Verbrennungsprozessen (z. B. in **Kraftfahrzeug**motoren) entstehende Gase, die feste, flüssige oder gasförmige Luftverschmutzungen, wie z. B. **Schwermetalle, Stickoxide, Kohlenwasserstoffe, Kohlenmonoxid, Staub, Ruß** enthalten können.
→ **Abgasverringerung, Bundes-Immissionsschutzgesetz, TA-Luft**

Abgasgrenzwerte für Kraftfahrzeuge

Seit 1969 gibt es in der Bundesrepublik Deutschland Vorschriften zur Begrenzung der Schadstoffe **„Kohlenmonoxid"** und **„Kohlenwasserstoffe"** aus **Otto-Motoren.** Aufgrund einer Verordnung vom 14. Juli 1972 müssen neu in den Verkehr gelangende Fahrzeuge auf einem Fahrleistungs-Prüfstand ein **Abgasprüfverfahren (Europa-Zyklus)** durchlaufen. Dabei dürfen die **Abgase** pro Test je nach Fahrzeuggewicht nicht mehr als 120 bis 264 g Kohlenmonoxid und 10,4 bis 16,6 g Kohlenwasserstoffe enthalten. Außerdem sind Prüfverfahren und **Grenzwerte** für Kohlenmonoxidkonzentrationen im Leerlauf (maximal 4,5 Vol.%) und für eine **Kurbelgehäuseentlüftung** vorgesehen. Aufgrund dieser Vorschriften wurde eine Senkung der Schadstoffe Kohlenmonoxid und Kohlenwasserstoffe im Abgas von 35 % erreicht. Seit 1. Oktober 1979 wurden auf der Grundlage einer **EG-Richtlinie** die Grenzwerte für Kohlenmonoxid um 19 %, für Kohlenwasserstoffe um 12 % und erstmalig für **Stickoxide** um 15 % gegenüber den gegenwärtig geltenden Werten gesenkt. Zur Begrenzung von Schadstoffen bei **Dieselmotoren** wurden zum 1. Januar 1977 im Rahmen der UN-Wirtschaftskommission und der Europäischen Gemeinschaften erstmalig die Grenzwerte für Feststoffpartikel **(Ruß)** für neu zugelassene **Kraftfahrzeuge** festgelegt. Begrenzungen der gasförmigen Schadstoffe (Kohlenmonoxid, Kohlenwasserstoffe und Stickoxide) aus Dieselmotoren sind beabsichtigt.
→ **Lärmgrenzwerte, Prüfung von Kraftfahrzeugen**

Abgas-Nachverbrennung → Nachverbrennung

Abgasprüfverfahren

Verfahren zur Ermittlung von Abgas- und Schadstoffmengen bei **Kraftfahrzeugen.** Bei den verschiedenen A. **(Europa-Test, CVS-Test)** wird ein vorgegebenes Fahrprogramm auf einem

A

Leistungsprüfstand nachgefahren und die dabei angegebenen Schadstoffmengen bestimmt. Es werden nur solche Fahrzeuge für den Verkehr zugelassen, deren Schadstoffmengen die vorgegebenen **Grenzwerte** nicht überschreiten. Beim A. für **Kraftfahrzeuge** werden heute Infrarot-Geräte (Ermittlung der **Kohlenmonoxid-** und **Kohlendioxid**-Konzentrationen). Flammionisationsdetektoren (Ermittlung der **Kohlenwasserstoff**-Konzentrationen) und Chemilumineszens-Geräte (zur Ermittlung der **Stickoxid**-Konzentrationen) eingesetzt.

→ **Fahrzyklus, Prüfung von Kraftfahrzeugen, Technischer Überwachungs-Verein**

Abgas-Reinigung → Abgas-Verringerung

Abgasrückführung

Verfahren zur Verringerung von **Stickoxiden** im Abgas.

Ein Teil der bereits verbrannten Gase wird über das **Ansaugsystem** des Motors dem **Kraftstoff-Luft-Gemisch** wieder zugeführt. Dieses führt zu Temperatursenkung und Verzögerung bei der Verbrennung und damit zur Reduzierung des Stickoxidanteils, jedoch auch zu **Kraftstoff**mehrverbrauch und verschlechtertem Fahrverhalten.

Abgasverringerung

Technische Verfahren zur Verringerung von **Schadgasen** im **Abgas.**

Bei Kraftfahrzeugen kann die Verringerung der Schadgase im Abgas durch Entwicklung neuer Motoren (z. B. **Schichtlademotor, Mager-Motor),** Änderungen in der Motorkonstruktion (z. B. am Vergaser) und Änderungen an der **Auspuffanlage** (z. B. **Abgas-Rückführung, Nachverbrennung,** katalytische **Abgasnachbehandlung**) realisiert werden.

→ **Katalysator, Thermoreaktor**

Abrieb

Oberflächenverschleiß von Materialien (z. B. Autoreifen, Bremsbelägen und Straßenbelag). Beim A. können umweltgefährdende Substanzen (z. B. **Asbest** aus Bremsbelägen) freigesetzt werden.

A

Abscheider

Anlagen zur Trennung von Flüssigkeiten mit unterschiedlicher Dichte, um z. B. umweltbelastende Flüssigkeiten wie **Benzin, Öl** und anderes aus Abwässern zu entfernen. A. sind im **Kraftfahrzeug**bereich für Tankstellen, Waschanlagen u. a. vorgeschrieben.

Additive

Zusatzstoffe, die schon in geringer Beimengung die Eigenschaften eines Produktes verändern können (z. B. **Bleitetraäthyl** in **Benzin** zur Erhöhung der **Klopf**festigkeit). Viele A. können auf den Menschen und die Umwelt schädigende Wirkungen ausüben. So gelangen z. B. rund 3000 Tonnen **Blei** mit den **Kraftfahrzeug**abgasen in die Umwelt und vergiften diese in zunehmendem Maße.

→ **Benzin-Blei-Gesetz, Dibromäthan, Dichloräthan, Scavenger**

Äthanol (Äthylalkohol)

Trinkalkohol, der auch für den Antrieb von **Kraftfahrzeugen** geeignet ist. Vorteile der Ä.-Verwendung sind dessen einfache Produktion und das günstige **Abgas**verhalten.

Nachteile sind der geringe **Heizwert** von Ä., der große Energiebedarf bei der Herstellung und der große Flächenbedarf für den Anbau der Rohstoffe (Zuckerrohr, Zuckerrüben u. a.).

Beurteilung von alternativen Kraftstoffen für eine automobiltechnische Anwendung

		Otto-/Dieselkraftstoff		Flüssiggas (LPG)		Flüssig-Erdgas (LNG)	Methanol[1]		Wasserstoff
Herstellung	Rohstoffe	Erdöl	Kohle	Erdöl	Kohle	Erdgas	Erdgas	Kohle	Wasser
	Erforderliche Energie	gering	sehr hoch	gering	hoch	gering	hoch	hoch	sehr hoch
Verfügbarkeit der Rohstoffe	Verfügbarkeit (weltweit)	begrenzt	langfristig begrenzt	begrenzt	langfristig begrenzt	begrenzt	begrenzt	langfristig begrenzt	unbegrenzt
	Importabhängigkeit	sehr hoch	gering	hoch	gering	hoch	hoch	gering	sehr gering
Technologie	Motorische Verwendung	gut		gut		gut	gut		gut
	Speicherung im Fahrzeug	einfach		schwierig		sehr schwierig	einfach		sehr schwierig
	Änderungen Infrastruktur (Verteilung)	keine		hoch		sehr hoch	hoch		sehr hoch
Umweltbelastung		hoch		gering		gering	gering		gering
Ausblick	Anwendung auf breiter Basis	Stand der Technik	möglich	zweifelhaft		zweifelhaft	mittelfristig möglich		langfristig möglich

[1] Stellvertretend für andere Alkohole, wie z. B. Methanol.

(Quelle: Verband der Automobilindustrie e. V.)

Derzeit unternimmt Brasilien, dessen wirtschaftliche Entwicklung stark auf die Motorisierung gestützt ist, erhebliche Anstrengungen, um Ä. als Ersatz für **Benzin** einzuführen; damit soll die Abhängigkeit vom **Erdöl** gemindert werden. In den USA wird ein Gemisch aus Ä. (10–15 %) und Benzin als „Gasohol" verkauft.
→ **Methanol**

Äthylendibromid

Kraftstoffzusatz zur Verhinderung von **Blei**ablagerungen im Motor. Seit Inkrafttreten des **Benzin-Blei-Gesetzes** ist auch die Verwendung von Ä. drastisch zurückgegangen, ein völliger Verzicht wird angestrebt.
Ä. kann beim Betanken von Kraftfahrzeugen in die Umwelt gelangen **(Betankungsverluste)**; Ä. gilt als krebserzeugend (vgl. **MAK-Werte-Liste** III A 2).
→ **Additive**

Äthylenglykol (Glykol)

Ä. wird hauptsächlich als **Frostschutzmittel** in der Automobilindustrie und zur Verhütung der Eisbildung an Flugzeugoberflächen verwendet (ein 1:1-Gemisch aus Ä. und Wasser gefriert bei –40 °C), aber auch als Zusatz zu hydraulischen Bremsflüssigkeiten.
Trinken von 100 ml Ä. führen zum Tod durch Atemlähmung.

Akkumulator

Gerät zur Speicherung von elektrischer Energie.
Im **Kraftfahrzeug**bereich werden überwiegend Blei-A. eingesetzt, deren aus **Blei** und Bleidioxid bestehende Elektrodenplatten sich in einer Lösung aus **Schwefelsäure** und destilliertem Wasser befinden. Bei der Herstellung von Blei-A. werden z. T. erhebliche Mengen Blei über die Abluftanlagen an die Umwelt abgegeben; dieses führt z. T. zu schweren Umweltbelastungen. Unbrauchbare A. dürfen nicht dem Hausmüll beigegeben werden, sondern sind dem Handel für eine Wiederverwertung **(Recycling)** zurückzugeben.

Aktion Autofreier Sonntag (AAS)

Im Jahre 1977 in Bonn gegründeter Umweltverband, dessen Ziel es ist, mindestens einen **autofreien Sonntag** im Jahr in der Bundesrepublik Deutschland einzuführen. Die AAS begründet ihre Forderung mit der Notwendigkeit einer „Lärm- und Abgaspause“ bzw. einer „Geste der Solidarität zugunsten jener, die täglich und nächtlich mit dem **Lärm** und den **Abgasen** unserer Kraftfahrzeuge belästigt werden“. Der autofreie Sonntag soll darüber hinaus der Verbesserung und der Vertiefung des Umweltbewußtseins und der Wahrung auch anderer Freiheiten als der des unumschränkten Motorfahrzeuggebrauchs dienen. Die Mehrzahl der in der Bundesrepublik tätigen **Umweltverbände** unterstützt die Forderungen der AAS. (Kontakt: Lothar Gerhardt, Postfach 21 02 12, 53 Bonn 2)

Aktionsprogramm „Lärmbekämpfung“

Im Oktober 1978 vom Bundesminister des Innern vorgelegtes Programm, das im wesentlichen auf den Vorschlägen einer „Projektgruppe Lärmbekämpfung“ beim Bundesminister des Innern“ beruht.

Das Programm sieht u. a. vor, den **Lärm** möglichst bei seiner Entstehung (Quelle) zu bekämpfen, durch eine sachgerechte Planung Lärmbelästigung soweit möglich von vornherein zu verhindern, marktwirtschaftliche Kräfte für die **Lärmminderung** zu nutzen und dabei den Verwaltungsaufwand möglichst gering zu halten.

Im einzelnen enthält das Programm Maßnahmen zur Verbesserung, Fortentwicklung und Anpassung von Rechtsvorschriften u. a. in den Bereichen „**Lärmgrenzwerte** für Fahrzeuge“, „Verbesserung von Verkehrskontrollen und verkehrsregelnden Maßnahmen“, „**Immissionsgrenzwerte** für den **Lärmschutz** an **Verkehrswegen** und Gebäuden“ und „Schaffung von Anreizen für lärmarme Motorfahrzeuge“. Darüber hinaus sieht das Programm vor, den baulichen Schallschutz zu verbessern, die Aufstellung von **Lärmsanierungs-** und **Lärmvorsorge**plänen zu ermöglichen, Meß- und Bewertungsverfahren für **Erschütterungen** zu entwickeln, **Forschungs-** und **Entwicklungs**vorhaben zu fördern, die Bevölkerung über die Aufgaben des Lärmschutzes

A

intensiver aufzuklären, zu informieren und fortzubilden und die Kontroll- und Überwachungsmöglichkeiten zu verbessern.

Aktiver Schallschutz → Lärmschutz

ALI → Autofahrer Leit- und Informationssystem

Altauto → Autowrack

Alternative Antriebssysteme

Bezeichnung für Antriebssysteme, die sich von den bisher üblichen **Otto-** und **Dieselmotoren** unterscheiden. Hierzu gehören u. a. **Elektromotor, Wasserstoffmotor, Gasturbine** und **Stirling-Motor.** Bei der Entwicklung von A. A. werden geringere **Schadgas**mengen, geringerer **Kraftstoff**verbrauch oder die Verwendung anderer Antriebsstoffe (z. B. Wasserstoff) angestrebt.
→ **Solarmotor**

Alternative Kraftstoffe → Aethanol, Methanol

Alternativen zum Auto (A. A.)

Hierzu gehört neben der Benutzung des öffentlichen Personennahverkehrs vor allem das „Zu-Fuß-Gehen" und das Radfahren. 60 % aller Fahrten mit dem PKW sind kürzer als 5 km (30 % kürzer als 3 km). Ein Großteil dieser Wege könnte zu Fuß oder mit dem **Fahrrad** zurückgelegt werden. Auf Kurzstrecken sind **Kraftfahrzeuge** besonders unwirtschaftlich und umweltschädlich (hoher Energieverbrauch, hohe **Schadgas**mengen und großer Verschleiß bei kaltem Motor, hohe Unfallraten in Innenstädten). Der absolute Vorrang der Kraftfahrzeuge in der bisherigen Straßenverkehrsplanung machten allerdings die Alternativen „Gehen" und „Radfahren" zunehmend unattraktiv. **Fußgängerzonen,** Verbesserung des **öffentlichen Personennahverkehrs,** Maßnahmen zur **Verkehrsberuhigung** sowie Fahrradwegenetze mit Anbindung an die Naherholungsgebiete können dazu beitragen, daß die A. A. immer mehr erkannt und wahrgenommen werden.

→ **Bedarfsbus, Elektrofahrzeuge**

Altöl

In der Bundesrepublik Deutschland sind im Jahre 1977 insgesamt 527 000 Tonnen A. angefallen. A. gehört zu den **wassergefährdenden Stoffen,** bereits kleine Mengen können große Mengen so stark verunreinigen, daß dieses für die Trinkwasserversorgung unbrauchbar wird. Im A. sind vor allem Lösemittel wie z. B. Trichloräthylen, Aceton, organische Ester- und Nitroverbindungen, Feststoffe und geringe Mengen von **Schwermetall**verbindungen enthalten. Von dem Gesamtanfall des A. entfielen auf die sogenannten Selbstölwechsler (PKW-Besitzer, die den Ölwechsel selbst vornehmen) 25 800 t. Davon verblieben 8300 t an den Tankstellen und Werkstätten, 7700 t in Ölabscheidern von Arbeitsstätten, 4900 t bei Altöl-Sammelstellen, 1000 t bei Weiterverwendern, für 3900 t konnte eine ordnungsgemäße Beseitigung nicht nachgewiesen werden. A. kann bei A.-Sammelstellen kostenlos abgegeben werden.

→ **Altölgesetz**

Altölbeseitigung

Von den 527 000 t **Altöl,** die in der Bundesrepublik Deutschland im Jahre 1977 anfielen, konnten 303 000 t (u. a. zu **Zweitraffinaten**) aufgearbeitet werden, 30 000 t wurden verbrannt, 185 000 t durch die Wirtschaft ordnungsgemäß beseitigt. Die Dunkelziffer der unkontrolliert beseitigten Altölmengen lag bei rund 9000 t. Nach dem **Altölgesetz** besteht ein Rechtsanspruch auf Abholung gebrauchter Motorenöle bei Mengen ab 200 l durch ein vom Bundesamt für die gewerbliche Wirtschaft beauftragtes Unternehmen. Kleinere Mengen an Altöl, wie sie beim privaten Ölwechsel am PKW anfallen, müssen vom Besitzer selbst bei den Altöl-Sammelstellen angeliefert werden.

→ **Recycling**

Altölgesetz

Das „Gesetz über Maßnahmen zur Sicherung der Altölbeseitigung (Altölgesetz)“ in der Fassung der Bekanntmachung vom 11. 12. 1979 (BGBL I S. 2113) regelt zum Schutze des Grundwassers und des Bodens Sammlung, Transport und Aufbereitung von **Altölen.** Das A. behandelt in zwei Abschnitten die wirtschaftliche Absicherung der Altölbeseitigung durch Kosten-

zuschüsse für die Aufarbeitung oder Verbrennung (zuständig ist das Bundesamt für die gewerbliche Wirtschaft in Frankfurt) und die Überwachung des Verbleibs von Altöl (zuständig sind die jeweiligen Landesbehörden).
Nach dem A. besteht ein Rechtsanspruch auf Abholung gebrauchter Mineralöle und synthetischer Schmierstoffe bei Mengen ab 200 l. Kleinere Mengen müssen bei den Altöl-Sammelstellen abgeliefert werden, die diese kostenlos abnimmt.

Altreifen

Im Jahre 1976 fielen in der Bundesrepublik Deutschland insgesamt 340 000 Tonnen A. an (138 000 Tonnen PKW-Reifen, 71 000 Tonnen LKW-Reifen; 103 000 Tonnen aus der **Kraftfahrzeug**-Verschrottung, 27 500 Tonnen aus sonstigen Quellen). Davon wurden ca. 90 000 Tonnen der Runderneuerung zugeführt, 200 000 Tonnen auf Müllplätzen (Deponien) abgelagert oder verbrannt und 50 000 Tonnen anderweitig verwertet. Im Jahre 1980 werden voraussichtlich 370 000 Tonnen A. anfallen. Die Verbrennung von A. bereitet insbesondere wegen der dabei auftretenden Schadstoffe Schwierigkeiten. Der Reifengummi besteht zu etwa 60 % aus **Kohlenwasserstoffen,** zu ca. 31 % aus **Ruß,** zu 1,5 % aus **Schwefel,** zu 3,4 % aus Zinkoxid und zu 4,9 % aus sonstigen Stoffen. Diese Inhaltsstoffe erfordern eine besondere Behandlung der bei der Verbrennung entstehenden Gase, insbesondere sind wirksame Staubabscheidevorrichtungen erforderlich. Künftig wird es darauf ankommen, mehr A. der Runderneuerung oder anderen Verwertungsverfahren (z. B.: Verarbeitung von A.-Granulat zu Bodenbelägen) zuzuführen.

→ **Recycling, Umweltzeichen**

Altreifenbeseitigung

Altreifen fallen vor allem bei den Reifenmontagestellen (Reifenhändler, Tankstellen) und Autoschrottplätzen an. Ein Teil davon wird der Runderneuerung zugeführt oder anderweitig verwertet. Neue Forschungsergebnisse haben weitere Verwertungsmöglichkeiten aufgezeigt.
Erfolgversprechend erscheinen Hochtemperaturverfahren, bei denen die Altreifen durch Einwirkung von Hitze in ihre chemischen Bausteine zerlegt werden.

Ampelanlagen
Anlagen zur Verminderung von Gefahrenpunkten und zur Steuerung von Verkehrsflüssen („Grüne Welle"). Falsch betriebene A. führen zu Beeinträchtigungen der Verkehrssicherheit und des Verkehrsflusses und verursachen dadurch erhöhte **Lärm-** und **Abgas**belastungen. Besonders umweltbelastend sind die von einigen Kraftfahrern an A. praktizierten **„Kavalierstarts"**.

Anlassergeräusch
Geräusch beim Anlassen eines Fahrzeugs, das besonders nachts und frühmorgens zu Belästigungen führen kann. Bei gut gepflegter elektrischer Anlage lassen sich unnötig lange Startvorgänge vermeiden.
→ **Lärm**

Ansaugsystem
Rohrleitungssystem, welches die Brennräume von **Kraftfahrzeug**motoren mit dem **Kraftstoff-Luft-Gemisch** versorgt. Die Konstruktion des A. beeinflußt die Schadstoffmengen im **Abgas** und die **Lärm**erzeugung.
→ **Luftfilter**

Antiklopfmittel
Kraftstoffzusätze zur Verhinderung von ungewollten Zündvorgängen im Motor **(Klopfen).** Als A. werden überwiegend **Bleitetraäthyl** und **Blei**tetramethyl verwandt, außerdem werden **Dichloräthan** oder Dibromäthan zur Verhinderung von **Blei**ablagerungen im Motor verwendet. Die Verwendung bleihaltiger A. hat zu starken Umweltbelastungen insbesondere in Städten und an Autobahnen geführt. Durch das **Benzin-Blei-Gesetz** wurde der Zusatz bleihaltiger A. stark begrenzt.
→ **Scavenger**

Antriebsgeräusch → Fahrgeräusch

Asbest
Natürlich vorkommendes Fasermaterial. A. besteht vorwiegend aus Magnesiumsilikat und enthält Eisen, Magnesium-, Alumi-

nium-, Calziumoxide, Siliciumdioxide und anderes mehr. Etwa 3000 Verwendungszwecke für A. sind bekannt, hierzu gehört u. a. im **Kraftfahrzeug**sektor die Verwendung in Brems- und Kupplungsbelägen, Spachtelmassen, Unterbodenschutz und Autoreifen. A. kann durch Bearbeitungs- und Verschleißvorgänge in die Umwelt gelangen (z. B. durch **Abrieb** von Brems- und Kupplungsbelägen). Inwieweit der Abrieb noch Fasern enthält oder zu mehr kugelförmigen Teilchen klumpt (und damit relativ harmlos ist) ist derzeit noch umstritten. Für einzelne Fahrzeugtypen sind inzwischen A.-freie Bremsbeläge im Handel. Feine Anteile des A.-Staubes können in die Lunge eindringen und bei ausreichender Konzentration und Einwirkungsdauer zu tödlichen Erkrankungen führen (u. a. Asbestose, Lungen-, Rippenfell- oder Bauchfell**krebs**).

Aufladung → Turbolader

Auftaumittel → Streusalze

Auspuffanlage

Aus einem oder mehreren Schalldämpfern mit Verbindungsleitungen bestehende **Abgas**leitung beim Kraftfahrzeug. Durch die beim Verbrennungsprozeß entstehenden Gase sowie durch äußere Einwirkungen (Feuchtigkeit, **Streusalze**) werden A. in ca. 2 bis 3 Jahren durch **Korrosion** zerstört. A. werden insbesondere im Kurzstreckenverkehr stark belastet. Für einige **Kraftfahrzeug**typen gibt es bereits langlebige (z. B. emaillierte) A. Entsprechend den Vorschriften der **Straßenverkehrs-Zulassungsordnung** ist für Austauschschalldämpfer eine Typprüfung durch den **Technischen Überwachungs-Verein** vorgeschrieben.
→ **Manipulation, Umweltzeichen**

Auspuffgeräusch

Summe aus Mündungsgeräusch und Schallabstrahlung von den vibrierenden Rohren und Töpfen der **Auspuffanlage.** Eine Reduzierung des A. kann durch Vergrößerung des Schalldämpfervolumens, der Wandstärke und der Verwendung mehrwandiger Schalldämpfer erreicht werden. Durch **Manipulation** an den Auspuffanlagen kann der (insbesondere an motorbetriebenen **Zweirädern**) Lärm erheblich erhöht werden.
→ **Fahrgeräusch, Prüfung von Kraftfahrzeugen**

Auto → **Kraftfahrzeug**

Autofahrer Leit- und Informationssystem (ALI)

Im Auftrage des Bundesministers für Forschung und Technologie entwickeltes und z. Zt. in der Erprobung befindliches System, bei dem das Fahrzeug mit einem Sender, einem Empfänger, einer Eingabetastatur und einem Bildschirm ausgestattet wird. Bei Fahrtbeginn gibt der Fahrer über die Tastatur sein

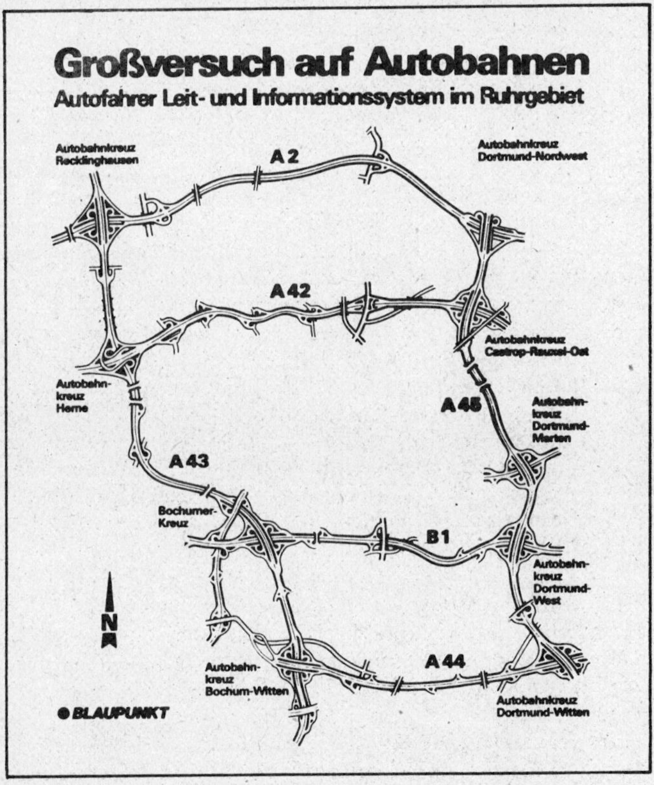

(Quelle: Presse- und Informationsamt der Bundesregierung)

Fahrziel ein. Am Straßenrand installierte Mikrocomputer geben den Zielwunsch an eine zentrale Datenverarbeitungsanlage weiter, die mit Hilfe eines Rechenprogrammes den günstigsten Fahrweg ermittelt und diesen dem Fahrer über den Bildschirm mitteilt. Auf die gleiche Weise erhält der Fahrer Geschwindigkeitsempfehlungen sowie Hinweise auf Stau-, Nebel- und Glättegefahren, aber auch eine optische Warnung, wenn der Sicherheitsabstand zum „Vordermann" unterschritten wird. ALI ist ein Beitrag zur Steuerung des Verkehrsflusses und damit zur Minderung von Umweltbelastungen und Unfallgefahren.

Autofreier Sonntag (AS)

Aufgrund der Ölkrise im Jahre 1973 mußten erstmals in der Bundesrepublik Deutschland an vier Sonntagen Fahrverbote für private Kraftfahrzeuge ausgesprochen werden. Den negativen Folgen der Fahrverbote (z. B. Einschränkungen beim Ausflugsverkehr) standen positive Umweltauswirkungen gegenüber, da **Lärm-** und Schadstoffbelastungen erheblich zurückgingen und auch die täglichen Unfallzahlen drastisch reduziert werden konnten. So wurde z. B. im Innenstadtbereich von Berlin ein Rückgang bei der **Kohlenmonoxidbelastung** um 44 % und bei der Stickoxidbelastung um 63 % verzeichnet. Die Unfallquote lag um 50 bis 75 % unter den sonst üblichen Werten. Die **Umwelt- und Naturschutzverbände** rufen jedes Jahr am letzten Sonntag im September zu einem freiwilligen autofreien Sonntag auf. An diesem Tag werden überall in der Bundesrepublik Deutschland Freizeitangebote unabhängig von der Benutzung privater Kraftfahrzeuge gemacht (u. a. Straßenfeste, **Fahrrad**fahrten, Wanderungen, Sportveranstaltungen).

→ **Aktion Autofreier Sonntag**

Automatik-Getriebe

Der Einbau von A. führt zu einer deutlichen Minderung des Lärms im Stadtverkehr, aber bei der derzeitigen Technik noch zu höherem **Kraftstoff**verbrauch.

Autowrack-Beseitigung

Bei einer durchschnittlichen Lebensdauer von 9 Jahren müssen in der Bundesrepublik Deutschland z. Zt. mehr als 1,6 Mio

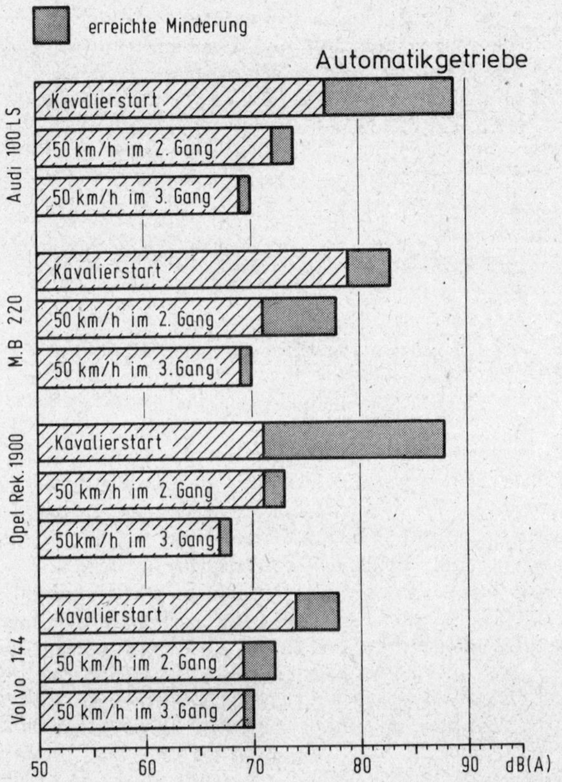

Lärmminderung an Kraftfahrzeugen mit Automatikgetriebe (Quelle: ADAC)

Kraftfahrzeuge jährlich beseitigt werden. Die dabei anfallende Schrottmenge beläuft sich auf nahezu 1 Mio Tonnen.

Der überwiegende Teil der Kraftfahrzeuge geht entweder zuerst in die Altautoverwertung oder gleich in den Schrotthandel. Die Autowracks werden entweder direkt zu Paketschrott gepreßt oder in **Shredder**anlagen aufbereitet. Während der Paketschrott erhebliche Verunreinigungen aufweist, läßt sich in Shredderan-

A

lagen ein hoher Reinheitsgrad des wiedergewonnenen Eisenschrottanteils erreichen. Der Autoschrott wird der eisen- und stahlerzeugenden Industrie als wertvoller Rohstoff wieder zugeleitet. Informationen über die örtlichen Beseitigungsmöglichkeiten für ausgediente Autos erteilen u. a. die Geschäftsstellen der Automobilclubs.

→ **Recycling**

B

Ballungsraum

Gebiet mit besonders hoher Bevölkerungszahl und -dichte. Im B. entstehen besondere Umweltbelastungen durch hohe Schadstoffkonzentrationen, die u. a. von großen **Kraftfahrzeug**mengen verursacht werden. Es sollte angestrebt werden, in B. nur noch dann Straßen zu bauen bzw. auszubauen, wenn dadurch die Umweltbelastungen reduziert werden. Weiterhin muß der **öffentliche Personennahverkehr** verbessert und ausgeweitet werden.

→ **Belastungsanteile, Belastungsgebiete**

Batterie → Akkumulator

Bedarfsbus

Im Auftrag des Bundesministers für Forschung und Technologie entwickeltes Personenbeförderungssystem, dessen Einsatz vom jeweiligen Beförderungsbedarf der Bürger abhängt. Über Telefon oder Rufsysteme an Haltestellen teilt der Fahrgast seinen Beförderungswunsch mit, die Leitzentrale sucht über elektronische Steuersysteme den günstigsten Bus, kontrolliert laufend die Standorte der Busse, errechnet die besten Routen, informiert Busfahrer und Fahrgäste. Bei B. S. können je nach Bedarf Fahrzeuge unterschiedlicher Größe, bei geringer Nachfrage (z. B. während der Nachtzeiten) auch Taxis zum Busfahrpreis eingesetzt werden. B. werden zur Zeit in Friedrichshafen am Bodensee und Wunstorf bei Hannover getestet. Durch das B.System können auch weniger dicht besiedelte Gebiete für den **öffentlichen Personennahverkehr** erschlossen werden und damit die vom **Individualverkehr** ausgehenden Umweltbelastungen reduziert werden.

→ **DUO-Bus, Gelenkbus, Kabinenbahnen, S-80**

Belastungsanteile des Kraftfahrzeugverkehrs

Beschreibung der vom **Kraftfahrzeug**verkehr ausgehenden Umweltbelastungen im Verhältnis zu den Gesamtbelastungen. Von den gesamten freigesetzten Schadstoffen innerhalb der Bundesrepublik Deutschland entstammen bei **Kohlenmonoxid** über 60 %, bei **Schwefeldioxid** 2 %, bei **Stickoxiden** 30 %, bei **Kohlenwasserstoffen** 52 % und bei **Stäuben** 3 % aus Quellen des Kraftfahrzeugverkehrs. Die übrigen Anteile werden von Industrieanlagen, Haushaltsfeuerungen u. a. abgegeben. Diese Prozentsätze sagen jedoch wenig über das tatsächliche Gefährdungspotential durch den **Kraftfahrzeug**verkehr aus, da Kraftfahrzeug**abgase** im Gegensatz zu Industrie- und Haushaltsabgasen in Atemhöhe in die Umwelt gelangen (es ergeben sich ungefähr folgende Abgasverdünnungsverhältnisse = für den Kraftfahrzeugverkehr 1 : 1000, für Haushaltsfeuerungen 1 : 50 000, für Industriekamine 1 : 1 000 000). Die vom Kraftverkehr tatsächlich ausgehenden Belastungen werden daher in Innenstädten bei Kohlenmonoxid auf 94—99 %, bei Kohlenwasserstoffen auf 76—89 % und bei Stickoxiden auf 83—93 % geschätzt.

→ **Abgasgrenzwerte, Grenzwerte, Immissionswerte, Straßenverkehrslärm, TA Luft, Verdampfungsverluste**

Belastungsgebiete

Gebiete, in denen Luftverunreinigungen auftreten oder zu erwarten sind, die schädliche Umwelteinwirkungen im besonderen Maße hervorrufen können. Ein B. wird aufgrund des **Bundes-Immissionsschutzgesetzes** durch Rechtsverordnung der zuständigen Landesregierung festgesetzt, die in diesen Gebieten eine besonders intensive Überwachung der Luftverunreinigungen durchführt. Für B. werden **Emissionskataster** und Luftreinhaltepläne aufgestellt. In der Bundesrepublik Deutschland sind bis heute folgende B. festgesetzt: Berlin; Nordrhein-Westfalen: Rheinschiene Süd und Mitte, Ruhrgebiet West-Mitte-Ost; Rheinland-Pfalz: Ludwigshafen-Frankenthal, Mainz-Bodenheim; Hessen: Untermain, Rhein-Main, Wetzlar, Kassel; Saarland: Dillingen, Völklingen, Saarbrücken, Neunkirchen; Bayern: Aschaffenburg, Augsburg, Burghausen, Erlangen-Fürth-Nürnberg, Ingolstadt-Neustadt-Kelheim, München, Regensburg, Würzburg. Da die verschiedenen Bundesländer B. nach

B unterschiedlichen Gesichtspunkten festsetzen, kann z. B. von der Anzahl nicht auf die Umweltsituation unmittelbar geschlossen werden. Manche Bundesländer weisen B. aus politischen Gründen nicht aus.

→ **Grenzwerte, Verdichtungsgebiete**

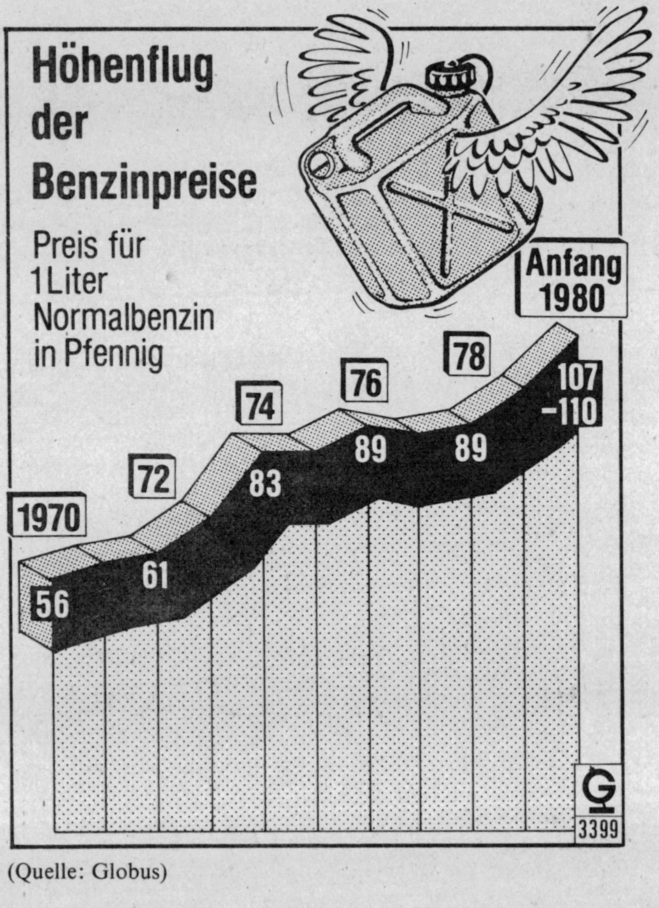

(Quelle: Globus)

Benzin
Aus **Mineralöl** gewonnene Mischung von Kohlenwasserstoffen, die unter anderem als **Kraftfahrzeug**treibstoff, Brennstoff und Lösemittel Verwendung findet. Aufgrund verschiedener gesundheits- und umweltschädlicher Zusätze im Kraftfahrzeugbenzin (z. B. **Benzol, Bleitetraäthyl**) darf dieses nicht zu anderen Zwekken (z. B. zur Reinigung) verwendet werden.
→ **Kraftstoffe**

Benzin-Abscheider → Abscheider

Benzin-Blei-Gesetz
Das Gesetz zur Verminderung von Luftverunreinigungen durch **Blei**verbindungen in Ottokraftstoffen für **Kraftfahrzeug**motoren vom 5. 8. 1971 (BGBl. I S. 1234; zuletzt geändert am 14. 12. 1976) begrenzt u. a. den Bleigehalt des **Benzins** ab

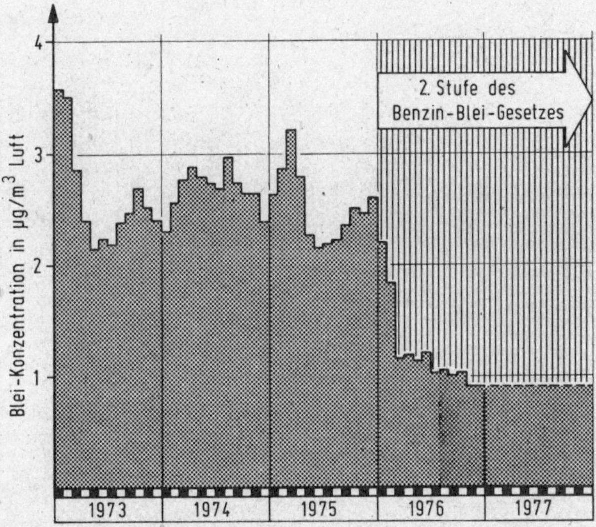

Rückgang der Bleibelastung durch das Benzin-Blei-Gesetz (Quelle: Umweltbundesamt)

1. 1. 1976 auf 0,15 g je Liter und verpflichtet die Tankstellen zur Auszeichnung der Benzinqualitäten. Seit 1976 ist der Bleigehalt der Luft in Hauptverkehrsstraßen aufgrund des B.B.G um bis zu 65 % gesunken; dieses hat die vom Blei ausgehenden Umweltrisiken deutlich vermindert. Nach amerikanischen Berichten ist bei einer Bleireduzierung im Benzin auch mit einer Reduzierung der **Kohlenwasserstoffe** im Abgas zu rechnen, weil Blei als Verbrennungsbremse wirkt. 12 große amerikanische Mineralölgesellschaften haben festgestellt, daß bei der Verwendung von bleifreiem Benzin ca. 50 % weniger Kohlenwasserstoffe im **Abgas** vorhanden sind. Die über 60 %ige Verminderung des Benzinbleigehaltes hat gleichzeitig auch eine gleichgroße Verminderung des Einsatzes der krebserzeugenden Substanzen Äthylendichlorid und **Äthylendibromid**, die dem Benzin zur Vermeidung von Bleirückständen im Motor zugegeben werden, nach sich gezogen.

→ **Bleitetraäthyl, Blutbleispiegel, Scavenger**

Benzineinsparung

Bei gleicher Kilometerleistung durch technische und fahrtechnische Maßnahmen zu erreichende Reduzierung des **Kraftstoffverbrauchs**. Da vom Kraftstoffverbrauch nicht nur die Fahrtkosten sondern auch die Umweltbelastungen abhängen, stellt das B. zugleich einen Beitrag zum Umweltschutz dar. Wenn jeder Autofahrer durchschnittlich 5 % Kraftstoff einsparen würde, könnten jährlich Gesamtkosten von 1,6 Milliarden DM eingespart, zugleich aber auch z. B. 400 000 t **Kohlenmonoxid** und 25 000 t **Stickoxide** weniger in die Umwelt gebracht werden. B. kann durch umweltschonendes Fahrverhalten (siehe Umwelttips in dieser Broschüre) und durch konstruktive Maßnahmen am Fahrzeug erreicht werden (u. a. Reduzierung des Fahrzeuggewichtes, Verringerung des **Luftwiderstandes,** Serieneinbau von vollelektronischen Zündanlagen, Verbesserung der **Gemischaufbereitung,** Abgas-**Turboaufladung,** Grundausstattung mit auf Sparsamkeit ausgelegtem Fünfganggetriebe, Motorabschaltung im Leerlauf).

→ **Drosselmotor, Gangwahl, Geschwindigkeitsbegrenzung**

Benzineinspritzung → Kraftstoff-Einspritzung

B

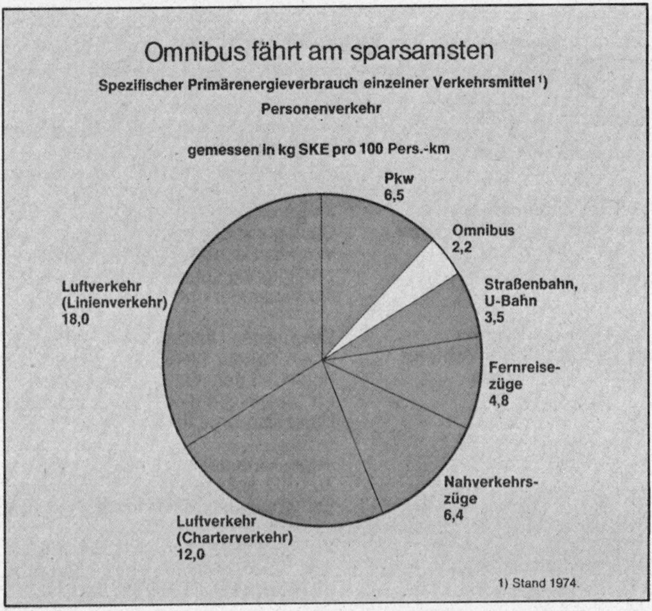

(Quelle: Verband der Automobilindustrie e. V.)

Benzinverbrauch → Kraftstoffverbrauch

Benzo[a]pyren

(3,4-Benzpyren) gehört zur Gruppe der **polycyclischen aromatischen Kohlenwasserstoffe** (PAH) und ist im Steinkohlenteer wie in bestimmten Erdölsorten enthalten. B. entsteht bei unvollständigen Verbrennungsvorgängen und findet sich daher auch in **Kraftfahrzeug**abgasen. B. gilt als stark **kreb**serzeugende Substanz, die u. a. für bestimmte Berufskrankheiten, wie z. B. den Hautkrebs der Schornsteinfeger, und für das vermehrte Auftreten von Lungenkrebserkrankungen in Gebieten mit starker Luftverschmutzung im Vergleich zu ländlichen Gebieten verantwortlich gemacht wird.

→ **Abgas, Umweltgifte**

B

Benzol

Findet u. a. Verwendung als Lösemittel (aufgrund internationaler Vereinbarung stark eingeschränkt) und als Ausgangsstoff für viele Substanzen. B. ist durchschnittlich zu 3—5 % im **Benzin** enthalten. B. ist giftig und bewirkt bei langfristiger Belastung selbst mit kleinen Mengen (Risikogruppen: Tankwarte, Tankwagenfahrer) Veränderungen im Blutbild bis hin zu Anämie oder Leukämie (vgl. **MAK-Werte Liste** III A 1); auch Chromosomenveränderungen sind bekannt.
In der Schweiz z. B. ist der B.-Gehalt im Benzin gesetzlich begrenzt.

Beschleunigungsklopfen → Klopfen

Betankungsverluste

Beim Einfüllen von **Kraftstoffen** in **Kraftfahrzeuge** in die Umwelt gelangende gasförmige und flüssige Substanzen. B. entstehen u. a. dadurch, daß der in den Fahrzeugtank eingefüllte Kraftstoff den im Tank befindlichen Kraftstoffdampf verdrängt und dieser in die Außenluft gelangt. Weitere B. entstehen durch Verschütten oder Verdampfung außerhalb der Kraftstofftanks. Damit der Kraftstoffdampf nicht an die Umwelt gelangen kann, müssen Einfüllstutzen und Zapfhahn aneinander angepaßt werden oder der Kraftstoffdampf durch Filter aufgefangen werden. Die B. tragen erheblich zur Umweltbelastung im Bereich von Tankstellen bei.
→ **Verdampfungsverluste**

Betriebszustand

Beschreibung des Motorzustandes durch Drehzahl, Last und Temperatur. **Kraftstoff**verbrauch, **Abgas**werte und **Lärm**verhalten sind vom B. abhängig.

Blei

Giftiges **Schwermetall.** Der Gesamtverbrauch der Bundesrepublik Deutschland liegt bei etwa 330 000 t pro Jahr, davon werden mehr als zwei Drittel in der Akkumulatorenindustrie, für Kabelummantelungen und für Formgußteile verwendet. Problematisch für die Umwelt sind B.-Verbindungen, die u. a. auch als

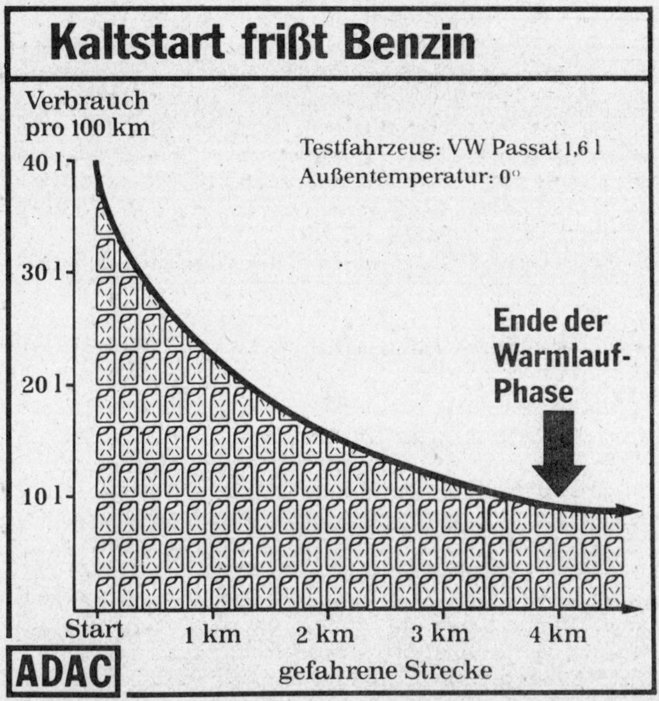

Antiklopfmittel (Bleitetraäthyl) im **Benzin** eingesetzt werden. Im Jahre 1974 wurden u. a. von **Kraftfahrzeugen** (Benzin-Blei-Gesetz), Bleihütten und bleiverarbeitenden Betrieben rund 11 500 Tonnen Blei innerhalb der Bundesrepublik Deutschland an die Außenluft abgegeben. B. und seine Verbindungen sind vor allem in staubförmiger und gelöster Form starke **Umweltgifte.** Bereits Spuren von B. führen bei ständiger Aufnahme zur Beeinträchtigung der Blutbildung und des Nervensystems. B. sammelt sich im Körper an. Chronische B.-Vergiftungen äußern sich in Anämie (Bleianämie), Appetitlosigkeit, Verdauungsstörungen und Nierenschäden; akute Vergiftungen bewirken Magen- und Darmkrämpfe, Erbrechen und Herzbeklemmungen. Bereits bei den heute in der Umwelt vorkommenden Konzentrationen werden bei bestimmten Bevölkerungsgruppen (z. B. Polizisten, Busfahrer u. a. dem Straßenverkehr ausgesetzten Personen) erhöhte **Blutbleispiegel** gefunden. Risikogruppen sind insbesondere Kinder und Schwangere (im Hinblick auf eine Schädigung des Embryo).

→ **Benzin-Blei-Gesetz, Otto-Motor**

Bleigehalt im Benzin

Gewichtsanteil von **Blei** im **Benzin.** Seit 1923 werden dem Otto-**Kraftstoff** Bleiverbindungen zugesetzt, um dessen **Klopf**festigkeit zu erhöhen. Durch das **Benzin-Blei-Gesetz** wurde der Bleigehalt erheblich reduziert. Bleifreies Benzin wurde in der Bundesrepublik bisher nur während der 50er Jahre produziert, die Klopffestigkeit wurde jedoch durch Zusätze des **krebs**erzeugenden **Benzols** erreicht. In den USA gibt es bereits seit mehreren Jahren bleifreies Benzin.

→ **Bleitetraäthyl, Bleitetramethyl, Bodenbelastung durch Blei, Klopfen**

Bleitetraäthyl

Giftiger **Benzin**zusatzstoff (auch in Verbindung mit Bleitetramethyl) zur Erhöhung der Oktanzahl (Antiklopfmittel). 50 bis 75 % des im Benzin enthaltenen **Bleis** gelangt mit den Auspuffgasen in die Atmosphäre, davon 75 % als Fein**staub.** Bei einem Benzinverbrauch von 10 Litern pro 100 km gibt ein **Kraftfahrzeug** zur Zeit durchschnittlich ca. 10 Milligramm Blei pro Fahrkilometer ab. B. wird durch die Haut leicht aufgenommen. B-haltiges Benzin sollte daher nicht zu Reinigungszwecken verwendet werden.

→ **Antiklopfmittel, Scavenger**

Blutbleispiegel

Bezeichnet den im Blut nachweisbaren **Blei**gehalt. Der B. gilt als wesentliches Indiz für die aktuelle Bleibelastung des Menschen; diese hängt vom Bleigehalt der Umwelt (Luft, Boden, Nahrungsmittel u. a.) ab. Blei gelangt u. a. bei der Eisen- und Stahlerzeugung, Bleigewinnung und -verarbeitung und mit den **Kraftfahrzeug**abgasen in die Umwelt. Der B. liegt bei Neugeborenen jeweils unter dem der Mutter und übersteigt diesen dann nach dem 2. Lebensjahr, so daß Kinder im allgemeinen einen höheren B. als Erwachsene haben. Ein erhöhter B. führt zu einer Verringerung der Lebensdauer der roten Blutkörperchen. Der B. liegt je nach Wohnort (Stadt- oder Landbevölkerung) durchschnittlich zwischen 10 und 20 Mikrogramm pro 100 Milliliter Blut. Als obere Grenze, bei der noch keine gesundheitliche Beeinträchtigung zu erwarten ist, wird für Kinder und Frauen 30 Mikrogramm/100 ml und für Männer 35 Mikrogramm/100 ml angenommen. Diese Werte werden in bestimmten Gebieten oder bei bestimmten Berufsgruppen (z. B. Polizisten, Kraftfahrer) heute zum Teil überschritten.

→ **Benzin-Blei-Gesetz**

Bodenbelastung durch Blei (B. B.)

Die im **Abgas** von **Kraftfahzeug**en enthaltenen **Blei**verbindungen gelangen in Form von Bleistaub auf Pflanzen und in den Boden. Bodenbelastung durch Blei ist oftmals problematischer als Luftbelastung, da die im Boden befindlichen Bleianteile praktisch nicht abgebaut werden. Der hohe Bleigehalt von Pflanzen im Bereich besonders stark befahrener Straßen stammt vor allem aus den Ablagerungen bleihaltigen Staubs auf den Blattoberflächen. Die an Verkehrswege angrenzenden Flächen sollten deshalb von einer landwirtschaftlichen Nutzung ausgenommen werden.

→ **Antiklopfmittel, Blutbleispiegel, Scavenger**

Bremsflüssigkeit → Aethylenglykol

Bremsgeräusche

Von der Bremsanlage und den Reifen eines **Kraftfahrzeuges** erzeugte Geräusche. Das für das menschliche Ohr unangenehme „Quietschgeräusch" wird durch Reibschwingungen zwischen Bremsbelag und Bremsscheibe bzw. Bremstrommel hervorgerufen und kann vom Fahrer praktisch nicht beeinflußt werden. Reifenquietschen durch zu starkes Bremsen dagegen läßt sich durch vorausschauende Fahrweise in vielen Fällen vermeiden.

→ **Lärm, Reifengeräusch**

B

Bürgerbeteiligung

Beteiligung von Bürgern an bestimmten Planungen öffentlicher Institutionen. Die B. kann sich in Form von Einwendungsbefugnissen, Beiräten, Bürgerversammlungen, Bürgerentscheiden und Bürgerbegehren äußern. Das Städtebauförderungsgesetz (§ 8, 9) sieht eine Anhörung von Planungsbetroffenen vor. Im Bundesbaugesetz (§ 2a) ist eine B. an Bauleitplanung durch frühzeitige Offenlegung und Anhörung vorgesehen. Nach dem **Bundes-Immissionsschutzgesetz** (§ 10) hat jeder Bürger das Recht, sich an Genehmigungsverfahren zu beteiligen und Einwendungen zu erheben. Im Bundes-Naturschutzgesetz ist die Mitwirkung von anerkannten **Umweltverbänden** vorgesehen.

→ **Generalverkehrsplan, Planfeststellungsverfahren, Raumordnungsverfahren, Umweltverbände, Umweltverträglichkeitsprüfung, Verkehrsplanung**

Bürgerinitiativen → Umweltverbände

Bundesfernstraßen

Sammelbegriff für Bundesautobahnen und Bundesstraßen. B. werden auf der Grundlage des **B.-Gesetzes** (1961/1974) im Auftrage des Bundesverkehrsministers von den Bundesländern gebaut und betrieben. Grundlage für den Bau und Ausbau von B. ist der Bedarfsplan für B., der alle 5 Jahre fortgeschrieben wird und Gesetzeskraft hat. In der Bundesrepublik Deutschland gab es 1978 7029 km Bundesautobahnen und 38 300 km Bundesstraßen.

→ **Verkehrsplanung**

Bundesfernstraßengesetz (FStrG)

Das B. in der Fassung der Bekanntmachung vom 1. 10. 1974 (BGBl. I S. 2413, 2908) enthält u. a. Vorschriften zur Beachtung von Umwelterfordernissen bei der Bestimmung der Linienführung von Bundesautobahnen und Bundesstraßen und bei dem **Planfeststellungsverfahren.** Das Gesetz verpflichtet zu bestimmten Auflagen, die u. a. aus Umweltschutzgesichtspunkten notwendig sind und sieht bei bestimmten unvermeidbaren umweltrelevanten Beeinträchtigungen auch Entschädigungen in Geld vor.

→ **Planfeststellungsverfahren, Straßenbau, Straßenverkehrsgesetz, Umweltverträglichkeitsprüfung, Verkehrsplanung**

B

Bundes-Immissionsschutzgesetz (BImSchG)

Das „Gesetz zum Schutz vor schädlichen Umwelteinwirkungen durch Luftverunreinigungen, Geräusche, Erschütterung und ähnliche Vorgänge" vom 15. März 1974 (BGBl. I S. 721, 1193), zuletzt geändert durch Gesetz vom 14. Dezember 1976 (BGBl. I S. 3341), und die aufgrund dieses Gesetzes erlassenen Rechtsverordnungen und allgemeinen Verwaltungsvorschriften bilden zusammen mit den spezialgesetzlichen Vorschriften des Straßenverkehrsrechts und des in der parlamentarischen Beratung befindlichen **Verkehrslärm-Schutzgesetzes** ein umfassendes bundeseinheitliches Regelwerk der Luftreinhaltung und **Lärm**bekämpfung. Das B. enthält u. a. Bestimmungen über die Errichtung und den Betrieb umweltgefährdender Anlagen, die Beschaffenheit und den Betrieb von Fahrzeugen, die Aufstellung von **Emissionskatastern** und von Luftreinhalteplänen für **Belastungsgebiete,** die Bestellung von Immissionsschutzbeauftragte für genehmigungsbedürftige Anlagen, die Beschaffenheit von Brenn- und Treibstoffen, den Schutz bestimmter Gebiete und die notwendigen Vorkehrungen bei **Smog-**Wetterlagen. Es ermächtigt außerdem zum Erlaß nationaler Rechtsvorschriften, die der Erfüllung von Verpflichtungen aus zwischenstaatlichen Vereinbarungen oder bindenden Beschlüssen der Europäischen Gemeinschaften auf dem Gebiet des Immissionsschutzrechtes dienen.

→ **Emission, Immission, Stand der Technik, Straßenverkehrsgesetz, Straßenverkehrsordnung, Straßenverkehrszulassungsordnung, Verursacherprinzip, Vorsorgeprinzip**

C

Car Pool → Fahrgemeinschaft

CETAN-Zahl (CT)

Kenngröße für die Zündfähigkeit von **Dieselkraftstoff**en (bei **Otto-Kraftstoff**en: **Oktanzahl**). Die CT liegt für die in der Bundesrepublik Deutschland erhältlichen Dieselkraftstoffe zwischen 50 und 55, eine zu niedrige CT führt u. a. zu erhöhter Umweltbelastung (z. B. durch starke **Ruß**bildung).

CVCC-Motor

(Compound Vortex Controlled Combustion)

Von der Firma Honda (Japan) entwickelter **Schichtlademotor.**

C

Beim CVCC-M. wird in einer kleineren Vorkammer ein fettes Gemisch gezündet, dessen Zündkraft zur Verbrennung des in der Hauptkammer befindlichen mageren Gemisches benutzt wird. Durch die überwiegende Verbrennung eines mageren Gemisches wird der Schadstoffanteil im **Abgas** und damit auch in der Umwelt erheblich reduziert. Der C. wird z. Zt. nur in den USA und in Japan angeboten.

CVS-Test

(Constant Volume Sampler)
In den USA vorgeschriebener und auch in anderen Ländern (Schweden, Kanada) angewendetes **Abgas-Prüfverfahren,** bei dem in einem festgelegten Fahrzyklus 86 Betriebszustände des Motors durchlaufen werden und jeweils ein Teil des dabei entstehenden **Abgas**es in einem Sammelbehälter aufgefangen und anschließend analysiert wird.
→ **Europa-Test**

CW-Wert

Meßwert zur Bestimmung des **Luftwiderstandes.**
Mit dem CW-Wert wird die Windschlüpfrigkeit eines Automobils beschrieben. Je kleiner der CW-Wert, desto kleiner der Luftwiderstand und damit der Kraftstoffverbrauch.
Der CW-Wert ist bei Kraftfahrzeugen mit günstigem Luftwiderstand heute kleiner als 0,40.

D

Dampfmotor

Wärme-Kraft-Antrieb, bei dem die durch Verbrennung von Kohle, Öl oder Gas gewonnene Wärme zur Dampferzeugung und der Dampf zum Betrieb eines Hubkolbenmotors benutzt wird. Der D. zeichnet sich durch niedrige Schadstoffabgabe, jedoch einen etwa dreifachen **Kraftstoffverbrauch** gegenüber dem **Otto-Motor** aus.

Dezibel (dB)

Maßeinheit für den Schall. Die dB-Skala ist eine logarithmische Skala, dies bedeutet zum Beispiel: zwei Autos mit einem Schallpegel von je 70 dB (Verdoppelung der **Schallintensität**) erzeugen zusammen einen **Schallpegel** von „nur" 73 dB, bei zehn Autos

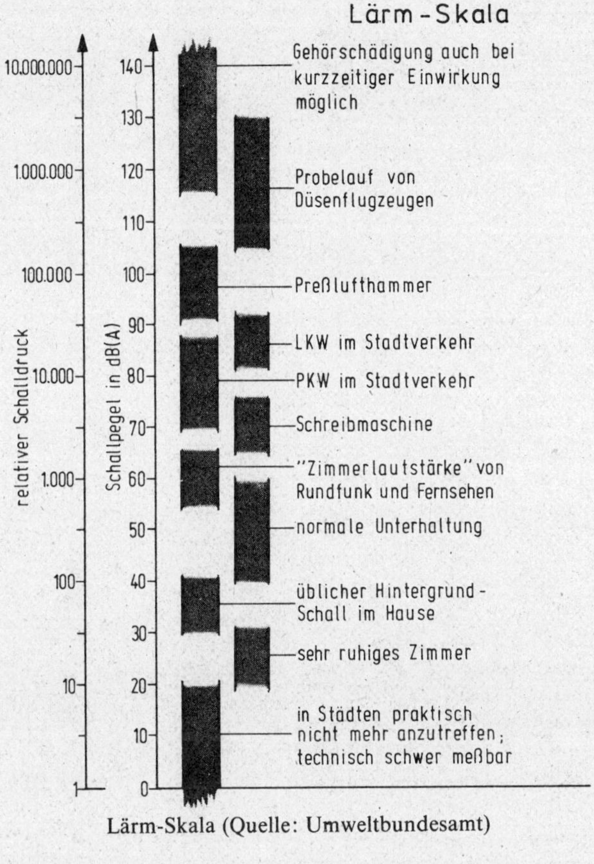

Lärm-Skala (Quelle: Umweltbundesamt)

mit je 70 dB (Verdreifachung der Schallintensität) erhöht sich der Schallpegel auf „nur" 80 dB. In der Praxis ergeben sich Werte zwischen 0 dB (Hörschwelle) und 130 dB (Schmerzwelle). Moderne **Schallpegelmesser** zeigen den „A-Schallpegel" an, der mit dB(A) abgekürzt wird. Bei diesem Wert ist berücksichtigt, daß das menschliche Gehör nicht alle Tonhöhen gleich stark empfindet. Wesentlich für die Bewertung von Lärmangaben in

D

dB(A) ist die Unterscheidung zwischen (kurzfristigen) Spitzenwerten und Dauerwerten **(Mittelungspegel).**
→ **Lärm, Lärmgrenzwerte**

Dibromäthan → Bromierte Kohlenwasserstoffe

1,2-Dichloräthan

D. wird verwendet u. a. als Zusatz von **Antiklopfmitteln** für **Kraftstoff** (zusammen mit **Bleitetraäthyl**). D. wirkt beim Menschen betäubend. Je nach aufgenommener Menge kann es u. a. zu Kopfschmerzen, Übelkeit und Bewußtlosigkeit, Leber- und Nierenschäden sowie Magen- und Darmbeschwerden kommen. Bei D. werden **kreb**serzeugende Wirkungen vermutet (vgl. **MAK-Werte-Liste** III B).
→ **Additive, Bromierte Kohlenwasserstoffe, Scavenger**

Diesel-Kraftstoff

Kraftstoff zum Betrieb von **Dieselmotoren.** D. besteht aus **Kohlenwasserstoffen** des Siedebereiches 170—350 °C. D. ist weniger flüchtig und entzündlich als **Otto-Kraftstoff.** D. wird bei der Raffination von Erd**öl** gewonnen, chemisch ist es identisch mit Heizöl. D. wird aus Gründen unterschiedlicher Besteuerung im Gegensatz zum Heizöl eingefärbt.
Der Schwefelgehalt von D. darf nach der 3. Verordnung zum **Bundes-Immissionsschutzgesetz** 0,3 % nicht übersteigen.
→ **Cetan-Zahl**

Diesel-Motor

Nach Rudolf Diesel (1858—1913) genannter Motor, bei dem der **Kraftstoff** in heiße, stark komprimierte Luft gespritzt wird, so daß sich dieser von selbst entzündet und verbrennt. Ein D. verbraucht im Vergleich zu anderen **Kraftfahrzeug**motoren (Otto-Motoren) im Teillastbetrieb (z. B. im Stadtverkehr) erheblich weniger Kraftstoff und gibt erheblich weniger **Kohlenmonoxid** sowie weniger **Stickoxide** und **Kohlenwasserstoffe** ab. Gegenüber anderen Kraftfahrzeugmotoren enthalten die **Abgase** von D. jedoch mehr Festpartikel **(Ruß)** und tragen zur Geruchsbelästigung bei. Es wird vermutet, daß Festpartikel als Trägersubstanzen für die ebenfalls im Abgas enthaltenen **(kreb**serzeugenden) **polycyclischen aromatischen Kohlenwasser-**

stoffe (z. B. Benzo[a]pyren) fungieren. In Organen, die bereits durch andere Schadstoffe (z. B. Tabakrauchen) vorgeschädigt sind, können die an den Ruß angelagerten Substanzen Gesundheitsschäden hervorrufen. Richtige Wartung von D. ist unbedingt erforderlich, da andernfalls der Rußanteil auf das Fünf- bis Zehnfache des Normalwertes steigt. D. sind bedingt durch das Verbrennungsverfahren in der Regel lauter als Otto-Motoren; besonders beim Kaltstart und im Leerlauf stellen D. eine unangenehme Lärmquelle dar. Der Anteil der Personenkraftwagen mit D. am gesamten Kraftfahrzeugverkehr beträgt zur Zeit rund 4 % mit steigender Tendenz.

→ **Rauch, Schwefelgehaltsverordnung, Straßenverkehrs-Zulassungsordnung**

Direkteinspritzung → Kraftstoffeinspritzung

Doppel-Vergaser → Straßenverkehrslärm

Drehzahl → Betriebszustand

Drosselmotor

Motorkonzept (Beispiel: Renault 4 GTL), bei dem der Hubraum vergrößert und die Drehzahl reduziert wird. Bei diesem Konzept ist ohne Leistungsverlust eine Reduzierung des **Motorgeräusches** möglich. Der D. kann auch einen günstigeren **Kraftstoff**verbrauch zeigen.

Dunstglocke → Smog

DUO-Bus

Im Auftrage des BMFT entwickeltes Personenbeförderungsfahrzeug mit kombiniertem **Elektro-** und **Dieselmotor.** Der D. B. kann im Stadtgebiet über Oberleitungen elektrisch und damit **abgas**frei und leise betrieben werden, während er im außerstädtischen Bereich mit dem kostengünstigeren und unabhängigeren Dieselmotor eingesetzt werden kann.

→ **Bedarfsbus, Gelenkbus, Kabinenbahn, S-80**

D

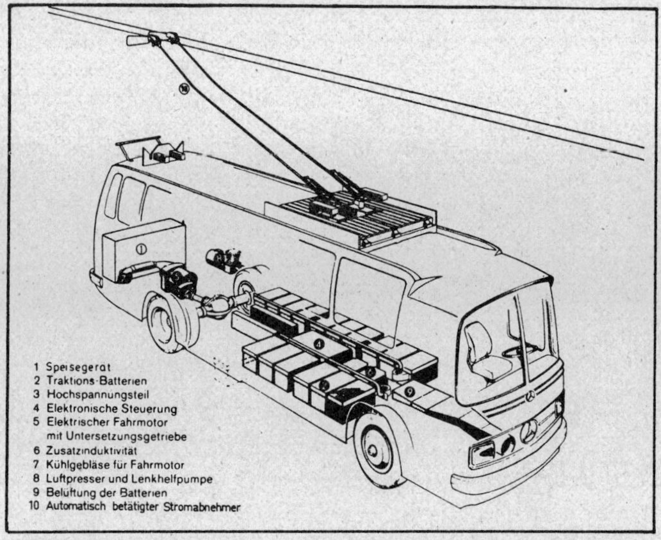

DUO-Bus
(Quelle: Presse- und Informationsamt der Bundesregierung)

E

ECE → UN-Wirtschaftskommission

EG-Richtlinie (EG.-R.)

Bei der Unterzeichnung der Römischen Verträge haben sich die Mitgliedsstaaten der Europäischen Gemeinschaft verpflichtet, die von ihnen gemeinsam erarbeiteten Richtlinien nach deren Verabschiedung durch nationale Gesetze auszufüllen. Dabei bilden die EG-R. den Rahmen des jeweiligen Gesetzes und legen damit die Mindestanforderungen fest. Die Notwendigkeit, Richtlinien einstimmig zu beschließen, verhindert oft erforderliche nationale Regelungen.

 → **UN-Wirtschaftskommission**

Elektrofahrzeuge

Fahrzeuge, deren Antriebsquelle ein Elektromotor ist, der durch Batterien oder Oberleitungen (z. B. Oberleitungsbus) mit Energie versorgt wird. Vorteile des Elektroantriebes sind die geringe **Lärm**entwicklung sowie die Schadstoffreiheit am Fahrzeug (u. U. aber Schadstofferhöhung bei der Energieproduktion). Im Stillstand, etwa vor einer Ampel, braucht der Elektromotor keine Energie. Der mit Elektro-Fahrzeugen durchgeführte Verkehr hat innerhalb der Bundesrepublik Deutschland nur einen Anteil von etwa 10 % am Gesamtverkehr. Man unterscheidet spurgeführte und nichtspurgeführte Systeme. Bei spurgeführtem Verkehr hat der E. V. heute bereits einen Anteil von 80 %. Hierzu gehören Bundesbahn, städtische und regionale Schnellbahnen, Oberleitungs-Omnibusse, Kabinenbahnen u. a. Zu den nichtspurgeführten E. V. gehören u. a. batteriebetriebene Personenkraftwagen, Kleintransporter und Busse. Vor allem in Ballungsräumen können E. zur Umweltentlastung beitragen.

→ **Solar motor**

Emission

Bezeichnet die von einer (festen oder beweglichen) Anlage (z. B. Straße) oder von Produkten (z. B. **Kraftfahrzeug**) an die Umwelt abgegebenen Luftverunreinigungen (Gase, **Stäube**), Geräusche, Strahlen, Wärme, **Erschütterungen** und ähnlichen Erscheinungen.

→ **Bundes-Immissionsschutzgesetz, Emissionsgrenzwerte, Emissionskataster, Immission, TA-Luft, Verkehrslärm-Schutzgesetz**

Emissions-Grenzwertvorschläge für Kraftfahrzeuge

Im Auftrag des Bundesministers des Innern hat das **Umweltbundesamt** neue **Grenzwerte** für **Kohlenmonoxid, Kohlenwasserstoffe** und **Stickoxide** im **Abgas** von **Kraftfahrzeugen** vorgelegt. Bei Verwirklichung dieser Grenzwerte würden die im Abgas enthaltenen Kohlenwasserstoffe und Stickoxide um 62 bis 78 % vermindert, das Kohlenmonoxid zwischen 62 bis 74 %. Die vorgeschlagenen Grenzwerte liegen auf gleichem Niveau wie die geplanten Vorgaben in anderen hochmotorisierten Ländern (USA, Japan, Schweden). Die entscheidenden Aussagen des vom Umweltbundesamt vorgelegten Berichtes hat die Automobilindustrie bestätigt. Gegen die Realisierung des Konzeptes bis 1982 hat sie jedoch Bedenken. Sie hält einen Zeitraum von 7 Jahren, beginnend mit der Verabschiedung einer entsprechenden **EG-Richtlinie** für die Entwicklung bestimmter Konzepte bis zur Serienreife für notwendig.

→ **Umweltschutzkosten**

Emissionskataster

Datenzusammenstellung zur räumlichen Beschreibung des Schadstoffausstoßes von **Emissions**quellen im regionalen oder überregionalen Bereich (z. B. Hausbrand).

→ **Belastungsgebiete, Bundes-Immissionsschutzgesetz**

Emissionsüberprüfung für Kraftfahrzeuge

Die regelmäßige technische Überwachung aller **Kraftfahrzeuge** (nach Paragraph 29 der StVZO) ist ein Instrument, das die sicherheitstechnische Überwachung und zugleich eine zuverlässige Überwachung des Umwelt-(Emissions-)Verhaltens der Kraftfahrzeuge garantieren kann. Technische Überwachung und Verkehrskontrollen werden sich künftig verstärkt auf die Emission von Schadstoffen in den **Abgasen** erstrecken.

→ **Prüfung von Kraftfahrzeugen**

Energiesicherungs-Gesetz

Das „Gesetz zur Sicherung der Energieversorgung bei Gefährdung oder Störung der Einfuhren von Erd**öl,** Erdölerzeugnissen oder Erdgas (Energiesicherungsgesetz 1975)“ vom 20. 12. 1974 (BGBL. I S. 3681) bildet die Grundlage zum Erlaß von Rechtsverordnungen zur Energiesicherung im Fall einer Gefährdung oder Störung der Einfuhren von Erdöl, Erdölerzeugnissen und Erdgas. So kann u. a. die Benutzung von Motorfahrzeugen aller Art nach Ort, Zeit, Strecke, Geschwindigkeit und Benutzerkreis sowie Erforderlichkeit der Benutzung eingeschränkt werden.

Entschädigung bei Straßenverkehrslärm

Nach einer Entscheidung des Bundesgerichtshofes können Entschädigungsansprüche geltend gemacht werden, wenn der Lärm

die ortsübliche Benutzung der Wohnräume so stark beeinträchtigt, daß er zu Gesundheitsstörungen führt. In einzelnen Fällen ist dem Träger der Straßenbaulast durch Gericht die Errichtung von Wällen oder Wänden zur Auflage gemacht worden, um den unzumutbaren Verkehrslärm für die betroffenen Anlieger zu verringern.
Nach dem **Bundesfernstraßengesetz** hat der durch eine Straßenbaumaßnahme Betroffene einen Anspruch auf Entschädigung gegen den Träger der Straßenbaulast in Geld, wenn für ihn mit der Straßenbaumaßnahme erhebliche Nachteile oder Belästigungen verbunden sind und Schutzanlagen (z. B. Lärmschutzwälle) mit dem Vorhaben unvereinbar oder unverhältnismäßig teuer sind (§ 17 Abs. 4 des Gesetzes). Mit dem **Verkehrslärm-Schutz-Gesetz** werden neue Regelungen getroffen.
→ **Lärmminderungs-Anreize**

Erschütterungen

Mechanische Schwingungen, die wegen ihrer physikalischen Verwandtschaft und der zum Teil gleichen Problematik in engen Zusammenhang mit **Lärm** zu sehen sind. Zur Zeit ist nicht bekannt, welcher Anteil der Bevölkerung von E. betroffen ist und wie stark diese als Beeinträchtigung empfunden werden. E. können auch Schäden an Bauwerken verursachen. E. werden im Verkehrsbereich vor allem von Flugzeugen, schweren **Lastkraftwagen** und Schienenfahrzeugen verursacht.

Europa-Test

(ECE Typ I) **Abgas-Prüfverfahren,** bei dem das Fahrverhalten eines **Kraftfahrzeug**es innerhalb einer Großstadt simuliert wird. Das während des E. T. erzeugte **Abgas** wird in einem Beutel gesammelt und nach Testende auf bestimmte Schadstoffe **(Kohlenmonoxid, Kohlenwasserstoffe, Stickoxide)** untersucht. Die dabei gefundenen Werte dürfen bestimmte **Grenzwerte** nicht überschreiten. Nach dem E. T. wird auch der Normverbrauch an **Kraftstoff** im Stadtverkehr ermittelt.
→ **Abgasgrenzwerte, Abgasprüfverfahren, CVS-Test**

F

Fahrgemeinschaft

Gegenseitige Mitnahme von Arbeitskollegen zur Arbeitsstätte in privaten Personenkraftwagen. Durch die Organisation einer F. werden durch die Verringerung des Verkehrsaufkommens der Verkehrsfluß beschleunigt, die Fahrtzeiten verkürzt und die Umweltbelastung gesenkt. Darüber hinaus werden durch die F. die Fahrtkosten für den einzelnen erheblich gesenkt. In den USA gibt es in vielen Staaten für F. („Car-Pools") Fahrvorteile (z. B. Benutzung von Busspuren, eigene Fahrspuren auf Schnellstraßen). Um die Attraktivität von F. zu erhöhen, prüft die Bundesregierung zur Zeit, ob künftig nicht allen Bürgern Steuervergünstigungen in Form von Kilometerpauschalen gewährt werden können, ohne daß der Besitz eines eigenen Kraftfahrzeuges erforderlich ist.

→ **Pendler, Verkehrsmittelwahl, Verkehrsplanung**

Fahrgeräusche

Von **Kraftfahrzeug**en ausgehende Geräusche, die sich hauptsächlich aus Antriebsgeräuschen (Geräusche des Motors, der **Ansaug-** und **Auspuffanlage**) und **Reifengeräuschen** zusammensetzen. Antriebsgeräusche hängen in erster Linie von der Drehzahl des Motors, Reifengeräusche von der Geschwindigkeit des Kraftfahrzeugs und der Beschaffenheit der Fahrbahn ab. Für Personenkraftwagen gilt im allgemeinen, daß im 1. und 2. Gang die Antriebsgeräusche überwiegen, im 3. Gang beide Geräuschquellen gleich laut sind und im 4. Gang das Reifengeräusch überwiegt. Zum F. werden auch Klapper- und Quietschgeräusche der Fahrzeugaufbauten gerechnet.

→ **Gaswechselgeräusch, Motorgeräusch, Standgeräusch**

Fahrradfahren

Umweltfreundliche und gesunde Alternative zum Auto für kürzere Entfernungen.

Etwa 85 % aller Haushalte und 60 % aller Bundesbürger besitzen ein Fahrrad (nur 29 % aller Bürger ein Auto). Für ca. 10 % aller Wege im Nah- und Fernverkehr wird ein Fahrrad oder ein **Mofa** benutzt. Kürzere Wege bis zu vier Kilometern werden nur zu 14 % mit dem Fahrrad zurückgelegt, im überwiegenden Maße wird auch hier das Auto benutzt, und zwar bei 43,5 %

Die Innenstädte brauchen mehr Radwege
Bundesminister für Raumordnung, Bauwesen und Städtebau)

aller Wege zwischen 2 bis 4 km und bei 18,6 % aller Wege bis zu 2 km. Gerade aber die Kurzstrecken können billig, schnell und umweltfreundlich mit dem Fahrrad bewältigt werden: für 2 km benötigt ein langsamer Fahrradfahrer 10 Minuten, ein mittlerer 6 Minuten und ein schneller nur 4,5 Minuten.
Im Stadtverkehr ergibt sich ein weiterer Vorteil dadurch, daß man mit dem Fahrrad von Tür zu Tür fährt, und keinen Parkplatz suchen muß.

Fahrzyklus

Zur Bestimmung des **Abgas**verhaltens von **Kraftfahrzeug**en festgelegte Fahrkurven. Die Heranziehung von F. beruht auf Erkenntnis, daß sowohl Abgasmengen als auch darin enthaltene Schadstoffmengen in starkem Maße von jeweiligem Betriebszustand des Motors (Leerlauf, Beschleunigung) abhängen. Ein F. soll das durchschnittliche Fahrverhalten in Ballungsräumen repräsentieren. Bei F. werden ausgewählte und konstruierte Fahrkurven unterschieden. Bei ersteren wird aus einer Vielzahl von im Straßenverkehr aufgezeichneten Fahrkurven eine bestimmte, als repräsentativ angesehene Kurve ausgewählt. Bei dem zweiten Verfahren wird eine große Anzahl aufgezeichneter Kurven u. a. auf die Häufigkeit analysiert und daraus eine Modellkurve konstruiert. Der F. des **Europa-Test**es wurde auf diese Weise entwickelt.

Fettabscheider → Abscheider

Flächennutzungsplan

Der Flächennutzungsplan (§§ 5—7 BBauG) ist ein vorbereitender Bauleitplan. In ihm ist für das gesamte Gemeindegebiet die beabsichtigte Art der Bodennutzung nach den voraussehbaren Bedürfnissen der Gemeinde in den Grundzügen darzustellen (insbesondere Gewerbe-, Industrie- und Wohnflächen).
→ **Straßenplanung, Verkehrsplanung**

Flächenverbrauch

Das Straßennetz der Bundesrepublik Deutschland beansprucht z. Zt. ca. 4,7 % der Gesamtfläche (sämtliche Oberflächengewässer beanspruchen z. Zt. ca. 1,8 % der Gesamtfläche). Auf je

1000 Quadratkilometer Fläche entfallen in der Bundesrepublik Deutschland 700 Kilometer überörtlicher Verkehrsstraßen. Insgesamt sind bisher 6 250 Qudratkilometer Fläche für den Straßenverkehr asphaltiert worden, das ist doppelt so viel wie die Fläche des Saarlandes. Hinzu kommen ca. 14 500 km² „Eingeschränkt nutzbares Umfeld". Besonders groß ist auch der Flächenbedarf des ruhenden Verkehrs: lt. **Reichs-Garagen-Verordnung** sind bei Neubau von Mehrwohnungshäusern pro Wohneinheit 1,2 Parkplätze à 15 m² vorzusehen. Bei Tiefgaragen und Parkhäusern rechnet man pro Pkw mit 20 m², bei Parkstreifen entlang der Straße mit 14 m² Flächenbedarf. (Die Konferenz der deutschen Gartenamtsleiter strebt langfristig an, in Städten je Einwohner 13 m² öffentliche Grünfläche bereitzustellen!)
→ **Landschaftsverbrauch, Öffentlicher Personennahverkehr, Straßenplanung, Verkehrsplanung, Verkehrswege**

Forschung und Entwicklung

Um die **Abgas-** und **Lärm**situation im Verkehrsbereich zu verbessern, fördert die Bundesregierung die Erforschung und Entwicklung neuer Antriebsarten für **Kraftfahrzeuge**, neuer Meß- und Prüfverfahren, verbesserter **Otto-** und **Dieselmotoren** und neuer oder verbesserter Methoden zur Reduzierung von Lärm und Schadstoffen.
→ **Bedarfsbus, DUO-Bus, Gelenkbus, Kabinenbahn, Kapselung, Konzept schadstoffarmer Motor, Lärmminderungs-Anreize, S-80**

Frisieren → Manipulation

Frostschutzmittel → Äthylenglykol, Methanol

Fünfgang-Getriebe → Gangwahl

Fußgänger

Das Gehen ist die umweltfreundlichste Fortbewegungsart. Bezieht man alle Altersgruppen mit ein, bilden die Fußgänger die größte Gruppe der Verkehrsteilnehmer. Deshalb ist es erforderlich, daß auch dem Gehen in der Gesetzgebung, Planung, Forschung und Finanzierung gleiche Aufmerksamkeit wie dem **Kraftfahrzeug**verkehr gewidmet wird. Dieses gilt insbesondere

F

für die verstärkte Einrichtung von **Fußgängerzonen,** Wohnstraßen, Spielstraßen und **verkehrsberuhig**ten Zonen.
→ **Individualverkehr, Verkehrsplanung**

Fußgängerzonen

Überwiegend in Innenstädten angelegte Bereiche, die für den allgemeinen **Kraftfahrzeug**verkehr gesperrt sind. In F. können **Fußgänger** ungestört einkaufen, bummeln oder sich anderweitig aufhalten, ohne von Kraftfahrzeugen belästigt **(Lärm, Abgase)** oder gefährdet (Unfälle) zu werden. Die Qualität von F. hängt entscheidend von der Gestaltung ab: Straßenmöbel, **Straßenbegleitgrün,** farbige Straßenbeläge und Fassaden, ansprechende Beleuchtung und anderes heben die Qualität von F.
Mit der Einrichtung von F. wird die Verminderung des Kfz-Verkehrs noch nicht erreicht, vielmehr wird der Verkehr in die benachbarten Stadtgebiete verdrängt. F. sollten deshalb nur im Zusammenhang mit einer flächendeckenden **Verkehrsberuhigung** verwirklicht werden.

G

Gangwahl

Bei 50 km/h konstanter Fahrt braucht ein Mittelklassewagen pro 100 km im ersten Gang 15,5 Liter, im zweiten Gang 7,5 Liter, im dritten Gang 5,5 Liter und im vierten Gang 4,5 Liter **Kraftstoff.** Durch rechtzeitiges Hochschalten kann somit sowohl der Kraftstoffverbrauch als auch die Umweltbelastung **(Lärm, Abgase)** erheblich reduziert werden. Bereits heute werden Kraftfahrzeuge mit sparsam ausgelegtem Fünfganggetriebe angeboten, die bei optimaler Benutzung erheblich leiser, abgasärmer und kraftstoffsparender als Fahrzeuge mit Vierganggetriebe betrieben werden können.
→ **Benzineinsparung**

Garagen → Reichsgaragenordnung

Gasmotor

Mit gasförmigen **Kraftstoff**en (z. B. Erdgas, Propan, Butan) betriebener Motor. Beim G. erzeugt ein Mischer im **Ansaugsystem** anstelle eines Vergasers die Bildung eines zündfähigen Gemisches. Die Zündung des Gemisches kann entweder mit

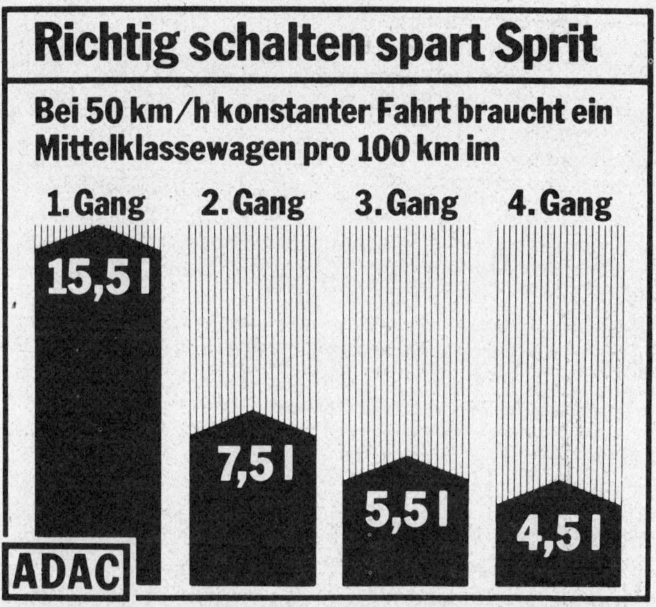

einer Zündkerze **(Otto-G.)** oder durch Einspritzung eines Zündkraftstoffes **(Diesel-G.)** erfolgen. Die Kraftstofflagerung erfolgt entweder gasförmig in druckfesten Behältern oder flüssig bei tiefen Temperaturen (Kryotanks). Für Wasserstoff als Energieträger sind aus Sicherheitsgründen Metall-Hydrid-Speicher vorgesehen, bei denen der Wasserstoff chemisch gebunden ist und durch Erwärmung gezielt freigesetzt werden kann. Gasförmige Kraftstoffe verbrennen besonders rückstandsfrei und schadstoffarm.

→ **Gemischaufbereitung**

Gasohol → Äthanol

Gaswechselgeräusche

Geräusche am **Ansaugsystem** und der **Auspuffanlage** von **Kraft-**

G

fahrzeugen, die beim Gasgeben bzw. -wegnehmen entstehen.
→ **Fahrgeräusche**

Gelenkbus

Großraumfahrzeug, bei dem zwei Fahrgasträume über ein Gelenk miteinander verbunden sind. Der herkömmliche G. wird von einem vorn im Fahrzeug befindlichen Motor gezogen. Diese Konstruktion bewirkt, daß der Fahrgastraum sehr hoch und der Einstieg mühsam ist. Im Auftrag des Bundesministers für Forschung und Technologie wurde ein G. mit einem hinten liegenden Schubantrieb entwickelt (57 Sitz- und 113 Stehplätze), der über sehr bequeme Ein- und Ausstiegmöglichkeiten verfügt.
→ **Bedarfsbus, DUO-Bus, Kabinenbahn, Öffentlicher Personennahverkehr, S-80**

Gemischaufbereitung

Zerstäubung des flüssigen **Kraftstoff**es und Vermischung mit der Verbrennungsluft. Bei **Otto-Motor**en erfolgt die G. durch den Vergaser und die Kraftstoffeinspritzung in das **Ansaugrohr,** während bei **Diesel-Motor**en der Kraftstoff unmittelbar in den Brennraum gespritzt wird. Die G. beeinflußt die Schadstoffentwicklung und den Kraftstoffverbrauch.
→ **Einspritzung, Gasmotor, Vergaser**

Generalverkehrsplan

Beschreibung der Verkehrssituation und -entwicklung innerhalb einer Gemeinde. Der G. ist gesetzlich nicht vorgeschrieben, es fehlen entsprechende Vorschriften zur **Bürgerbeteiligung.** Viele G. berücksichtigen nur den **Kraftfahrzeug**verkehr. Der **öffentliche Personennahverkehr,** das **Fahrradfahren** und die Fußwegeplanung werden im G. überhaupt nicht berücksichtigt.
→ **Straßenplanung, Umweltverträglichkeitsprüfung, Verkehrswegeplanung**

Geräusche → Lärm

G

Geschwindigkeitsbegrenzung

Die **Straßenverkehrsordnung** schreibt innerhalb geschlossener Ortschaften eine Höchstgeschwindigkeit von 50 km/h und außerhalb von Ortschaften — bis auf Autobahnen — Höchstgeschwindigkeiten bis zu 100 km/h je nach Fahrzeugtyp vor. Darüber hinaus gibt es G. im Rahmen von Zulassungsvorschriften. Insbesondere unter Sicherheitsaspekten werden **Mofas, Moped**s und ab Herbst 1980 auch **Kleinkrafträder** in ihrer Höchstgeschwindigkeit begrenzt. Auch wird zur Zeit diskutiert, ob nicht in reinen Wohngebieten eine generelle G. auf 30 km/h eingeführt werden sollte. Auf Autobahnen gibt es innerhalb der Bundesrepublik Deutschland z. Zt. noch keine G. Die Bundesrepublik Deutschland ist damit der einzige europäische Staat ohne generelle gesetzliche G. Je nach Geschwindigkeit ändern sich **Kraftstoff**verbrauch, **Abgas**verhalten und **Lärm**werte. Über 100 km/h steigen alle Werte stark an; so erzeugt ein Kraftfahrzeug mit 140 km/h so viel Lärm wie vier Fahrzeuge mit 100 km/h. Schnellfahrende Kraftfahrzeuge benötigen z. B. Hochgeschwindigkeitsreifen, deren Reifenbreite und Gummihärte höhere Lärmwerte erzeugt. Auch der Kraftstoffverbrauch steigt mit der Geschwindigkeit. Ein Fahrzeug mit einer Geschwindigkeit von 150 km/h verbraucht im Durchschnitt 50 % mehr Kraftstoff als ein mit 100 km/h fahrendes Fahrzeug. Eine generelle Geschwindigkeitsbegrenzung von 100 km/h auf Autobahnen würde eine Einsparung von 5 % des gesamten Kraftstoffverbrauchs der Personenkraftwagen erbringen.

→ **Richtgeschwindigkeit**

Grenzwerte

Durch nationale oder internationale Vorschriften festgelegte höchstzulässige Werte (**Emissions**- oder **Immissions**werte). Im Verkehrsbereich finden sich G. in Produktnormen (z. B.: **Blei**gehalt in Otto-**Kraftstoffe**n, **Schwefel**gehalt im **Diesel-Kraftstoff**). Für **Kraftfahrzeuge** sind G. für Höchstkonzentrationen von Schadstoffen im Abgas (z. B.: Gehalt von **Stickoxide**n) und für höchstzulässigen **Lärm** (Lärm**emission**en) festgelegt. Der Entwurf des **Verkehrslärm-Schutzgesetzes** enthält G. zum Schutz der Nachbarschaft von Verkehrswegen vor Verkehrslärm.

→ **Abgasgrenzwerte, Lärmgrenzwerte**

H

Heißluftmotor → Stirling-Motor

Heizwert
Bezeichnung für den Energiegehalt eines **Kraftstoff**es. Die zur Zeit üblichen Kraftstoffe (Normal**benzin,** Superbenzin, **Dieselkraftstoff**) besitzen einen relativ hohen H., Benzinersatzstoffe (z. B. **Äthanol**) im allgemeinen einen geringen H.

Hubkolbenmotor → Otto-Motor, Diesel-Motor

Hubraumbesteuerung
Die für Personenkraftwagen geltende H. begünstigt **Kraftfahrzeuge** mit kleinem Hubraum. Motoren mit kleinem Hubraum bereiten besondere technische Schwierigkeiten bei der **Abgasreinigung** und der **Lärmminderung.**

Hybridantrieb
Verwendung von zwei verschiedenen Antriebsquellen (z. B. **Elektromotor** und **Dieselmotor**) in einem Fahrzeug. Der H. kommt aufgrund des relativ hohen Gewichts nur für Großfahrzeuge (LKW, Busse) in Frage und ermöglicht, daß im Stadtverkehr der **abgas-** und **lärm**arme **Elektromotor** eingesetzt werden kann, während im Überlandverkehr der kostengünstige **Dieselmotor** betrieben wird. Die beim Einsatz des Dieselmotors anfallenden Leistungsüberschüsse der Lichtmaschine können zum Aufladen der Elektromotor-**Akkumulator**en verwendet werden.
→ **DUO-Bus**

I

Immission
Einwirkungen von Luftverunreinigungen, **Lärm, Erschütterungen**, Strahlen, Wärme u. a. auf Menschen sowie Tiere, Pflanzen oder andere Sachen. Bei Luftverunreinigungen wird als Meßgröße für die I. im allgemeinen die Schadstoffkonzentration in Atemhöhe angegeben.
→ **Bundes-Immissionsschutzgesetz, Emission**

Immissionskataster
Darstellung der räumlichen Verteilung der **Immission** für ein bestimmtes Gebiet. I. enthalten sowohl Dauerbelastungen, als

auch Werte von Spitzenbelastungen. I. können durch Berechnung aus bekannten **Emissionen** (Ausbreitungsrechnungen) oder durch direkte Messung in Meßnetzen aufgestellt werden.
→ **Bundes-Immissionsschutzgesetz**

Immissionsschutzgesetz → Bundes-Immissionsschutzgesetz

Indirekte Einspritzung → Kraftstoffeinspritzung

Individualverkehr

Fortbewegung mit freier Wahl der Fortbewegungsart, der Fortbewegungszeit und der Fortbewegungsstrecke. Zum I. zählen **Fußgänger, Fahrrad**fahrer, Personen**kraftfahrzeuge** u. a. Beim I. wurde bisher dem Kraftfahrzeugverkehr absoluter Vorrang eingeräumt, während Fußgänger, Fahrradfahrer und **öffentlicher Personennahverkehr** vernachlässigt wurden. Der I. mit Kraftfahrzeugen verursacht große Umweltprobleme (**Abgase**, Lärm, Abfälle) und belastet insbesondere die **Ballungsgebiete**. Berechnungen haben ergeben, daß nur 20—25 % der vom I. ausgehen-

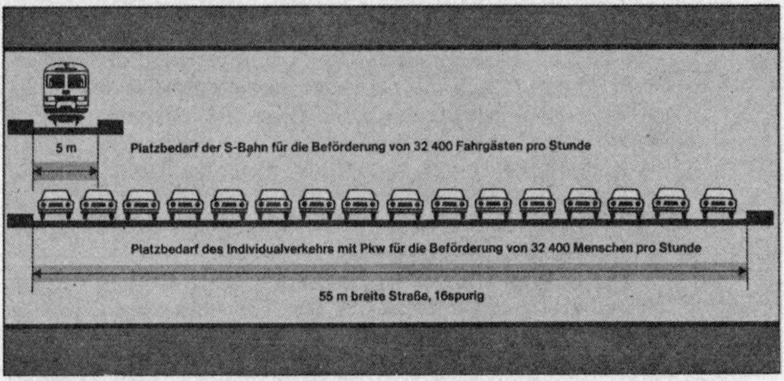

Platzbedarf des Individualverkehrs gegenüber dem öffentlichen Personennahverkehr
(Quelle: Presse- und Informationsamt der Bundesregierung)

den sozialen Kosten durch die Abgaben (z. B. Kraftfahrzeugsteuer, Mineralölsteuer) gedeckt werden.
→ **Park + Ride, Verkehrsaufkommen, Verkehrsmittelwahl, Verkehrsplanung**

Kabinenbahnen

Im Auftrage des Bundesministers für Forschung und Technologie entwickelte Personenbeförderungssysteme, bei denen die Fahrgastzellen über der Straße an Stelzen hängenden Kabinen betrieben werden. In der Entwicklung und/oder Erprobung befinden sich z. Z. Kabinentaxis (für drei Personen), Kabinenlifte (zwölf bis einhundert Personen), Hängebahnen (vierundzwanzig Sitz- und fünfundvierzig Stehplätze) und Großkabinenbahnen. Den hohen Investitionskosten für K. stehen ein **lärm-** und **abgas**armer Betrieb sowie eine deutliche Entlastung der Verkehrsstraßen gegenüber.
→ **Bedarfsbus, Duo-Bus, Gelenkbus, S-80, Verkehrsplanung**

Kapselung

Verfahren zur **Lärmminderung** bei **Kraftfahrzeug**en. Unterschieden wird zwischen Motorkapsel (Kapsel umschließt den Motor) und karosserieseitiger Kapsel (der gesamte Motorraum bildet eine geschlossene Kapsel). Bei Omnibussen werden karosserieseitige Kapselungen bereits serienmäßig angeboten, für Lkw und Pkw werden solche noch entwickelt. Durch K. ist eine deutliche Senkung der Motorgeräusche möglich.

Katalysator

Stoff, der eine Stoffumwandlung beeinflußt, ohne selbst dabei verändert zu werden. Die seit dem Jahre 1975 in den USA erstmalig in großem Maßstab verwendeten Kraftfahrzeug-K. bestehen aus Edelmetallen auf entsprechenden Trägern (z. B. Schüttgut-K.). Durch Einsatz von K. können die Schadstoffe im **Abgas** um über 90 % verringert werden. Ein Einsatz auf dem europäischen Markt ist z. Z. nicht möglich, da die z. Z. serienmäßig produzierten K. **blei**freies **Benzin** benötigen. In der Entwicklung befinden sich aber auch edelmetallhaltige K., die gegen Blei

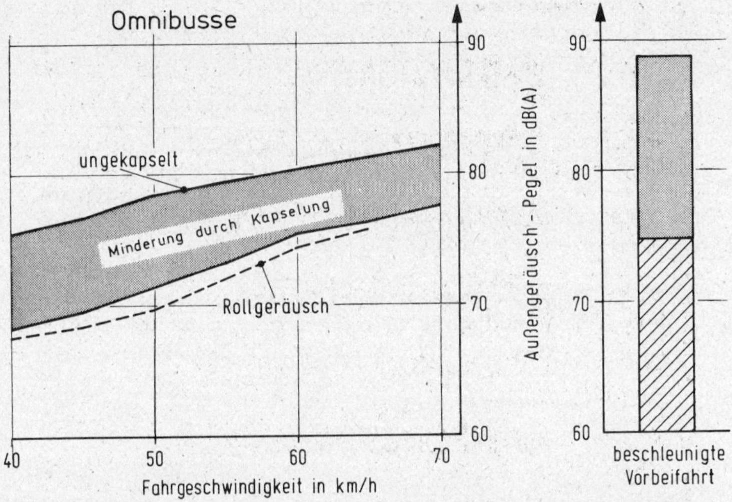

Einfluß der Motorkapselung auf die Lärmentwicklung von Omnibussen
(Quelle: Umweltbundesamt)

weitgehend unempfindlich sind. Die Mehrkosten für katalytische Abgasbehandlung betragen zwischen DM 400,— (Reduzierung von **Kohlenmonoxid, Kohlenwasserstoffen**) und DM 750,— (Reduzierung von **Kohlenmonoxid, Kohlenwasserstoffen, Stickoxiden**).

Kavalierstart

Hohe Beschleunigung eines **Kraftfahrzeug**es aus dem Stand, bei dem es in der Regel durch erhöhte **Reifen-** und **Motorgeräusche** sowie **Abgas**e und **Abrieb** zu erheblichen Umweltbelastungen kommt. Der K. stellt eine unsinnige Verschwendung von Energie dar und zeugt von geistiger Unreife des „Kavaliers“!

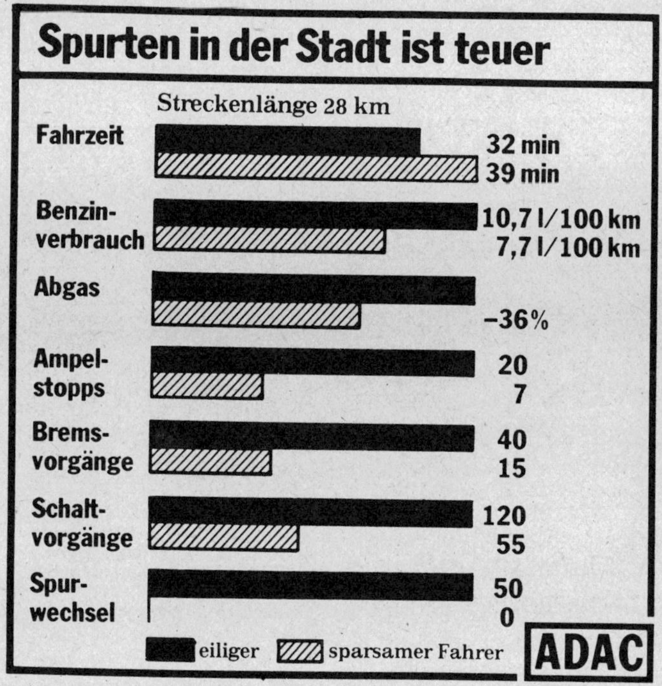

Kinder und Verkehr

Auf Kinder wird im Straßenverkehr der Bundesrepublik Deutschland kaum Rücksicht genommen. Alle sieben Stunden stirbt auf unseren Straßen ein Kind als Folge eines Verkehrsunfalles. Mehr als 60 000 Kinder werden jedes Jahr bei Unfällen verletzt, 10 000 Kinder bleiben davon für ihr ganzes Leben behindert. Besonders gefährdet sind Kinder bis zum 8. Lebensjahr; diese können im allgemeinen Entfernung und Geschwindigkeiten nicht abschätzen und häufig nicht unterscheiden, ob ein Auto fährt oder steht. Auch haben sie kein Verständnis für Bremswege und Reaktionszeiten sondern meinen vielmehr, daß ein Kraftfahrzeug wie ein Spielzeugauto jederzeit angehalten

(Quelle: Presse- und Informationsamt der Bundesregierung)

werden kann. Sie haben darüber hinaus auch aufgrund ihrer Körpergröße einen anderen Blickwinkel als Erwachsene. Sie können die Richtung von Geräuschen nur schwer bestimmen, ihre Konzentrationsfähigkeit ist begrenzt, ihr Handeln spontan und unberechenbar. Die meisten Unfälle mit Kindern geschehen beim Spielen, zweithäufigste Unfallursache ist die nichtverkehrsgerechte Benutzung des Fahrrads (bei Unfällen mit Fahrrädern wurde in 22 % der Fälle von den Kindern die Vorfahrt nicht beachtet, in 17 % der Fälle falsch abgebogen und in 13 % der Fälle falsch in den fließenden Verkehr eingefahren). Eine spürbare Verbesserung der Unfallsituation für Kinder ist nur möglich, wenn in Wohngebieten eine generelle Geschwindigkeitsbegrenzung auf 30 km/h (Beispiele u. a.: Niederlande, USA) durchgesetzt wird.

→ **Fußgänger, Individualverkehr, Verkehrsberuhigung, Verkehrsplanung**

(Quelle: Globus-Kartendienst)

Kleinkraftrad

Zweirad mit einem Hubraum von bis zu 50 Kubikzentimetern und unbegrenzter Höchstgeschwindigkeit bei einem **Lärmgrenzwert** von 79 dB(A). K. können ab 16 Jahre mit dem neuen Führerschein der Klasse 1 b (theoretische und praktische Fahrprüfung erforderlich) betrieben werden. (Der Führerschein der Klasse 4 behält seine Gültigkeit, sofern er vor dem 1. 4. 1980 erworben wurde.) Als Folge der gesetzlichen Hubraumbeschränkung bei freier Leistung werden hochgezüchtete Motoren angeboten, die ihre Leistung aus hohen Drehzahlen (zwischen

8 500 und 9 000 pro Minute) entnehmen. Als Folge tritt ein besonders unangenehmer, lästiger hochfrequenter **Lärm** auf. Ab 1981 wird eine umweltfreundlichere Kraftrad-Klasse eingeführt, die **„Leichtkrafträder“**.

→ **Geschwindigkeitsbegrenzung, lärmarmes Kleinkraftrad**

Klopfen

Bei **Otto-Motor**en und **Diesel-Motor**en im Gegensatz zu „weicher“ Verbrennung auftretender schlagartiger, unerwünschter Verbrennungsverlauf. K. tritt bei Otto-Motoren auf, wenn gegen Ende der durch den Zündfunken eingeleiteten Verbrennung das noch nicht verbrannte **Kraftstoff-Luft-Gemisch** sich selbst entzündet und schlagartig verbrennt. K. bei Dieselmotoren entsteht, wenn der **Kraftstoff** beim Einspritzen sich nicht rasch genug entzündet, sondern sich anhäuft und erst nach geraumer Zeit schlagartig verbrennt. Ursache für das K. ist entweder der Kraftstoff, wenn dieser nicht genügend klopffest bzw. zündwillig ist oder ungünstige Betriebsbedingungen.

→ **Antiklopfmittel**

Kohlendioxid (Kohlensäure)

K. ist mit 0,3 % ein natürlicher Bestandteil der Luft. K. entsteht bei der Atmung der Lebewesen und vor allem beim Verbrennen (Kraftwerke, **Kraftfahrzeug**e, Heizungen) von Kohle, Erdöl und Gas. K. gilt in kleineren Konzentrationen als ungiftig, bei sehr hohen Konzentrationen kann es betäubend oder erstickend wirken. Der Gehalt von K. in der Luft ist in den vergangenen 100 Jahren durch gestiegenen Kohle- und Heizölverbrauch und zunehmende Abholzung von z. B. tropischen Urwäldern (die einen Teil des K. aufnehmen) um ca. 14 % gestiegen. Ein weiterer Anstieg der K.-Konzentration kann langfristig zu einer Erwärmung der Erdoberfläche führen, da u. U. durch eine „Kohlendioxid-Glocke“ die von der Erde abgestrahlte Wärme nicht mehr ungehindert an den Weltraum abgegeben werden kann („Treibhauseffekt“). Es wird befürchtet, daß so weltweit mit Temperaturerhöhungen zwischen 1,5 bis 3,0 °C, am Nordpol sogar zwischen 4,5 bis 15 °C gerechnet werden muß. Dieses würde Klimaänderungen und u. U. ein Abschmelzen der Polkappen bewirken.

K

Kohlenmonoxid

Geruchloses Gas. K. entsteht bei unvollständiger Verbrennung organischer Verbindungen (Hauptquellen: **Kraftfahrzeug**-Motore, Schwerindustrie, Hausheizung). Eingeatmetes K. blokkiert die Sauerstoffaufnahme in das Blut, verursacht so Sauerstoffmangel im Gewebe und führt je nach Konzentration zu Kopfschmerzen, Schwindel, Übelkeit, Ohrensausen, Bewußtlosigkeit, Atemlähmung oder Tod. Durch hohe Spitzenkonzentrationen bei Verkehrsstoßzeiten oder bei **Smog**-Wetterlagen sind insbesondere Herz-/Kreislaufkranke gefährdet. **Immissionswerte** sind in der **TA-Luft** geregelt (IW 1 = 10,0 / IW 2 = 30,0 mg/m^3); diese Werte werden im Straßenverkehr zeitweise überschritten.

→ **Otto-Motor, Prüfung von Kraftfahrzeugen, Straßenverkehrs-Zulassungsordnung**

Kohlenwasserstoffe

Chemische Verbindungen des Kohlenstoffs mit Wasserstoff. In der Umweltdiskussion spielen insbesondere die ringförmigen (zyklischen und **polyzyklischen**) **aromatischen K.** (z. B. **Benzol, Benzo[a]pyren**) sowie die chlorierten und polychlorierten K. eine besondere Rolle. Die K. sind Ausgangsstoffe für die Bildung des **photochemischen Smogs**, einige K. sind **krebs**erregend.

→ **Otto-Motor, Straßenverkehrs-Zulassungsordnung, Abgas, Benzin, Diesel-Motor, Kraftfahrzeug**

Konzept schadstoffarmer Motor (KSM)

Im Auftrage des **Umweltbundesamt**es von der Volkswagenwerk AG entwickeltes Motorkonzept, bei dem u. a. mit Hilfe neuer Regelungs- und Steuerungstechniken der Schadstoffausstoß an **Kohlenmonoxid** und **Kohlenwasserstoff**en um über 50 % verringert wird. Ein Teil der im Rahmen des KSM entwickelten Neuerungen ist bereits in die Serienfertigung eingegangen.

Korrosion

Chemische Veränderung von Materialoberflächen. Der häufigste Fall von K. ist die Rostbildung. Rost entsteht durch K. von

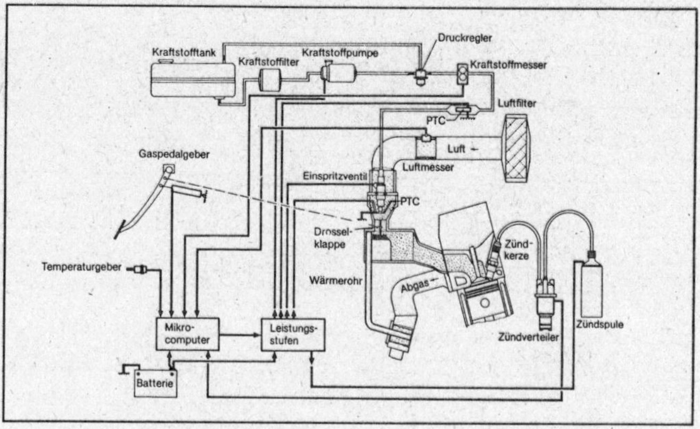

Konzept eines schadstoffarmen Motors
(Quelle: Umweltbundesamt)

Eisenteilen durch Einwirkung von Feuchtigkeit und Luftsauerstoff. Bestimmte Schadstoffe können die Rostbildung beschleunigen.
→ **Schädigung von Materialien**

Kraftfahrt-Bundesamt

Bundesoberbehörde im Geschäftsbereich des Bundesministers für Verkehr. Das K. nimmt zahlreiche Aufgaben auch auf dem Gebiet des Umweltschutzes wahr. Hierzu gehört im Hinblick auf die Erteilung allgemeiner Betriebserlaubnisse die Verhinderung des Austretens von **Kohlenwasserstoff**en, die Begrenzung von **Abgas**en und Geräuschen sowie die Untersuchung der Verkehrsstruktur als Basis für Verkehrspolitik, **Verkehrswege**planung und Raumordnung.

Kraftfahrzeug (Kfz)

Fahrzeug mit Verbrennungs- (z. B.: **Otto-Motor, Dieselmotor**) oder **Elektromotor**. In der Bundesrepublik Deutschland gab es 1975 ca. 18 Mio. K., diese gaben ca. 7 Mio. t **Kohlendioxid,** 0,55 Mio. t **Stickoxide,** 0,76 Mio. t **Kohlenwasserstoffe,** 80 000 t

K

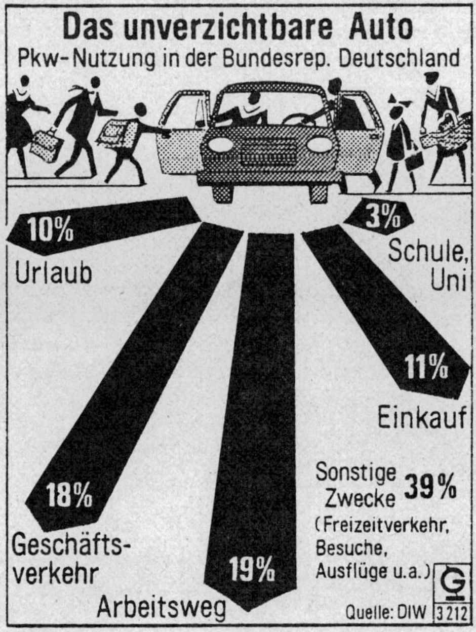

(Quelle: Globus)

Schwefeldioxid, 18 500 t **Ruß** und 7 600 t **Blei** an die Umwelt ab. (Ein K. erzeugt pro Betriebsstunde ca. 100 000 Liter **Abgase**). Die **Emissionen** aus K. werden aufgrund von Vorschriften der **Straßenverkehrszulassungs-Ordnung** begrenzt. Neufahrzeuge, die ab 1. Okt. 1979 erstmalig in den Verkehr kommen, dürfen je nach Fahrzeuggewicht maximal zwischen 15,9 und 34,9 Gramm Kohlenmonoxid, 1,5 bis 2,3 Gramm Kohlenwasserstoffe und 2,0 bis 3,3 Gramm Stickoxide pro Fahrtkilometer abgeben. Das **Benzin-Blei-Gesetz** begrenzt den Bleigehalt des Benzins (seit 1. 1. 1976 max. 0,15 g/l), die 3. Bundesimmissionsschutzverordnung den Schwefelgehalt von **Dieselkraftstoff** (seit 1. 1. 1979 max. 0,3 %).

 → **Abgasprüfverfahren, Belastungsanteile, Benzo[a]pyren, Bleitetra-**

äthyl, bromierte Kohlenwasserstoffe, Kraftfahrzeugabgase, Luftverschmutzung durch Kraftfahrzeugverkehr, Nitrose Gase, Photochemischer Smog, Straßenverkehrslärm

Kraftfahrzeugabgase

Aus Verbrennungsmotoren **(Otto-Motor, Dieselmotor)** an die Umwelt abgegebene **Abgase.** K. bestehen überwiegend aus umweltneutralen Gasen wie Stickstoff und Wasserdampf, dem bedingt umweltneutralen **Kohlendioxid,** den **Schadgasen Kohlenmonoxid, Stickoxide, Kohlenwasserstoffe** sowie **Ruß** und Staub. Kohlenmonoxid, Kohlenwasserstoffe und Ruß entstehen durch unvollständige Verbrennung des **Kraftstoffs**, Ruß nahezu ausschließlich bei Dieselmotoren. Stickoxide bilden sich bei hohen Temperaturen während des Verbrennungsprozesses aus Stickstoff und Sauerstoff. Der im Abgas enthaltene Staub ist vor allem aufgrund des **Blei**gehaltes von Bedeutung. Die Zusammensetzung und Menge der K. ist von einer Vielzahl von Faktoren abhängig wie z. B. dem **Betriebszustand** (Leerlauf, Beschleunigung, Kaltstart u. a.), der Art des Motors (Otto-, Dieselmotor), dem Alter und dem Wartungszustand des Motors, den Außenbedingungen und anderem mehr.

→ **Abgasgrenzwerte**

Kraftfahrzeug-Antriebe → Alternative Antriebssysteme, Dieselmotor, Otto-Motor, Wankel-Motor

Kraftfahrzeugbestand

Im Jahre 1978 gab es in der Bundesrepublik Deutschland 21.212 000 Personenkraftwagen, 403 000 **Krafträder** und 1 175 000 **Lastkraftwagen.** Neu in den Verkehr gelangten 2 664 000 Personenkraftwagen.

→ **Kraftfahrzeugprognose, Neuzulassungen**

Kraftfahrzeugkosten

Laut Veröffentlichung des ADAC haben im Jahre 1977 die Bürger der Bundesrepublik Deutschland ca 33 Mrd. DM für den Kauf neuer und 27 Mrd. DM für den Kauf gebrauchter Kraft-

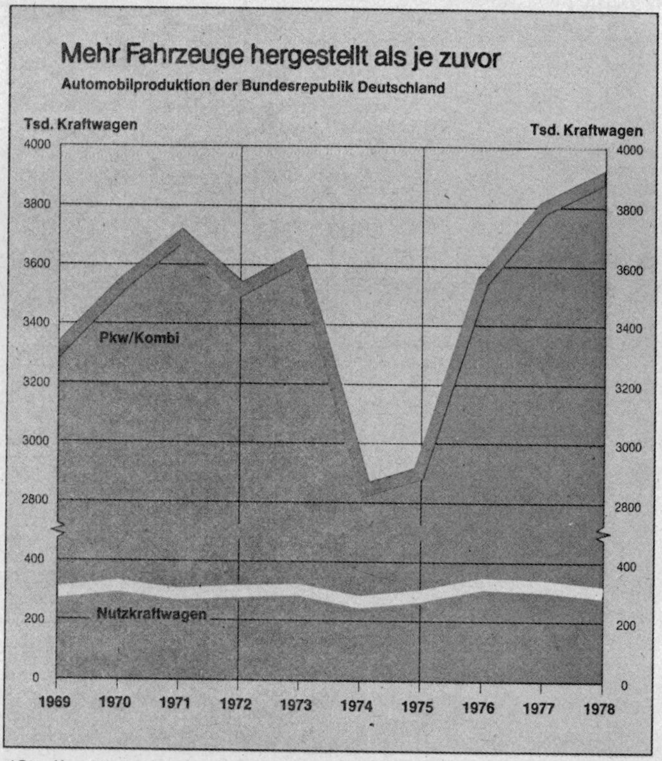

(Quelle: Verband der Automobilindustrie e. V.)

fahrzeuge ausgegeben. Für den Unterhalt seines Personenkraftwagens gab ein Durchschnittshaushalt bei einem Nettomonatseinkommen von 2 331,– DM durchschnittlich 377,– DM (15,3 %) und bei einem Nettomonatseinkommen von 3 872,– DM durchschnittlich 548,– DM (13,1 %) aus. Ca. 35 % dieser Ausgaben entfielen auf den Autokauf, 25 % auf die Ausgaben für **Kraftstoffe** und **Motoröl**, 10 % auf Versicherung, 12 % auf Wartung und Reparaturen, 5 % auf Zubehör, 4 % auf Kraftfahrzeugsteuern und 9 % auf Garage und anderes.

 → **soziale Kosten, Umweltschutzkosten**

Kraftfahrzeugmängel

Laut Veröffentlichungen der TÜV's wiesen im Jahre 1977 von fast 7 Mio. überprüften **Kraftfahrzeugen** 4,4 Mio. Mängel auf, die Hälfte davon schwere Schäden. 20 000 Kraftfahrzeuge mußten aus Sicherheitsgründen vollständig aus dem Verkehr gezogen werden. Die Schäden traten am Fahrgestell zu 27,1 %, bei den Bremsen zu 26,4 %, bei der Ausrüstung zu 20 %, bei der Motoranlage (**Lärm** und **Abgase**) zu 11,8 %, an der Lenkung zu 8,8 % und an der Bereifung zu 5,7 % auf. Mängel an **Mofas** und **Mopeds** können von den Prüfstellen nicht festgestellt werden, da sie keiner Vorführpflicht unterliegen.

→ **Prüfung von Kraftfahrzeugen**

Kraftfahrzeugprognose

Berechnung des künftig zu erwartenden **Kraftfahrzeug**bestandes. Eine von der Firma Shell im September 1979 vorgelegte K. beinhaltet, daß der Personen-Kraftfahrzeugbestand je nach Ent-

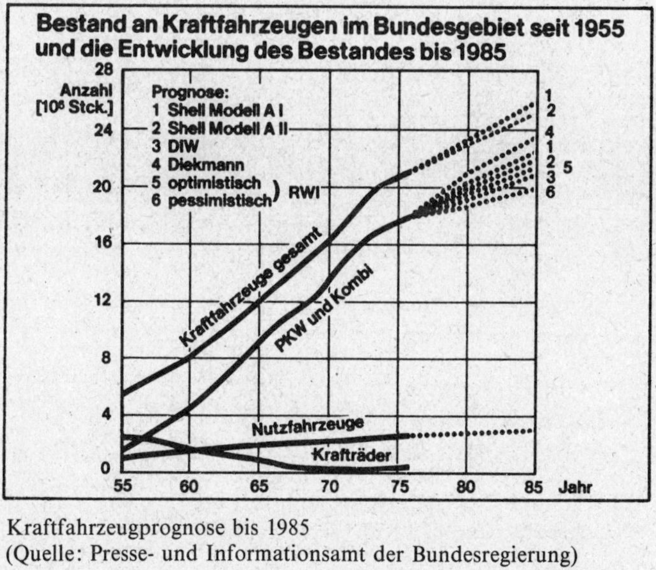

Kraftfahrzeugprognose bis 1985
(Quelle: Presse- und Informationsamt der Bundesregierung)

wicklung der **Öl**situation sich bis zum Jahre 2000 von z. Z. ca. 22 Mio. Fahrzeugen auf 26 bis 28 Mio. Stück vergrößern wird. Sollte sich diese Prognose erfüllen, müssen die Umweltschutzauflagen erheblich verschärft werden, wenn eine weitere Verschlechterung der Umweltsituation verhindert werden soll.

Kraftrad

Zweirad mit einem Hubraum von mehr als 50 cm^3 und unbegrenzter Höchstgeschwindigkeit bei einem **Lärm**grenzwert von 84 dB(A). Ein K. kann ab 18 Jahren mit dem Führerschein der Klasse 1 (theoretische und praktische Fahrprüfung erforderlich) betrieben werden.

Kraftstoffe

Für den Betrieb von **Kraftfahrzeug**en werden heute noch überwiegend **Benzin** und **Dieselkraftstoff** eingesetzt. Durch die zunehmende Verknappung des Ausgangsstoffes Erd**öl** kommt es künftig darauf an, diese K. durch neue Stoffe zu ergänzen bzw. zu ersetzen. In der Diskussion und in der Erprobung befinden sich hierbei u. a. Flüssiggas, **Methanol, Äthanol** und Wasserstoff.

Kraftstoff-Einspritzung

Versorgungssystem des Motors mit **Kraftstoff.** Die K.E. kann entweder direkt in den Brennraum (z. B. Direkteinspritzung bei **Dieselmotoren**) oder in das **Ansaugsystem** (z. B. indirekte Einspritzung bei den meisten **Otto-Motor**en) erfolgen. Die Steuerung der K.E. kann mechanisch oder elektronisch erfolgen. Durch exakte Steuerung, bei der der richtige Zeitpunkt, die genaue Menge und der notwendige Druck bestimmt werden, kann der Kraftstoffverbrauch gesenkt und das **Abgas**verhalten günstig beeinflußt werden. Bei Dieselmotoren gilt im allgemeinen, daß Motoren mit Direkteinspritzung etwas lauter sind als Motoren mit indirekter Einspritzung.

→ **Konzept schadstoffarmer Motor**

Kraftstoffverbrauch

1978 wurden in der Bundesrepublik Deutschland 22,7 Mio. t **Benzin** und 8,7 Mio. t **Dieselkraftstoff** verbraucht. Am gesamten

Anteil des Verkehrs am Mineralölverbrauch 1977

Primärenergieverbrauch Mineralöl	100,0 %
davon:	
Raffinerieverluste, -eigenverbrauch[1]	6,7 %
Stromerzeugung	4,3 %
Kohlebergbau	2,9 %
Nichtenergetischer Verbrauch (z. B. Chemie)	12,0 %
Haushalte u. Kleinverbraucher	33,6 %
Industrie	14,7 %
Verkehr	25,8 %
davon:	
Schiene, Wasser, Luft	3,0 %
Straße	22,8 %
– Bus, Krafträder	0,7 %
– Lastkraftwagen	5,0 %
– Personenkraftwagen	17,1 %

Quellen: Energiebilanz der Bundesrepublik Deutschland für das Jahr 1977; eigene Berechnungen.

[1] Raffinerieverluste und -eigenverbrauch sind gesondert ausgewiesen, da eine verursachungsgerechte Aufteilung auf die einzelnen Verbrauchsbereiche statistisch nicht möglich ist.

(Quelle: Verband der Automobilindustrie e. V.)

Energieverbrauch ist der Verkehr mit rund 26 % beteiligt (23 % entfallen auf den Straßenverkehr, 3 % auf den Schienen-, Wasser- und Luftverkehr).

→ **Benzineinsparung**

Krebs

Bezeichnung für bösartige Tumoren. In der Bundesrepublik Deutschland starben im Jahre 1975 etwa 150 000 Menschen an Krebs (20 % aller Todesfälle). Um die Jahrhundertwende lag Krebs etwa an 8. Stelle der Liste der Todesursachen, Lungenkrebs, die heute häufigste Krebsart bei Männern, war nahezu unbekannt. Es wird heute angenommen, daß K. durch chemische Stoffe, physikalische Einwirkungen und Viren entsteht. Dabei kommt den Umwelteinflüssen wahrscheinlich die größte Bedeutung zu (Ursache für 60 bis 80 % aller K.-Erkrankungen).

Kreiskolbenmotor → **Wankel-Motor**

K

Kühlmittel → Äthylenglykol

Kurbelgehäuse-Entlüftung

Beim Betrieb von Verbrennungsmotoren gelangt ein Teil der **Ab**gase in das Kurbelgehäuse und von dort in die Umwelt, sofern diese nicht mit Hilfe der K.E. in das **Ansaugsystem** des Motors zurückgeführt werden. Die K.E. ist für alle Kraftfahrzeuge vorgeschrieben.

KSM → Konzept schadstoffarmer Motor

L

Lackierung

Bei der L. von **Kraftfahrzeug**en gelangen große Mengen von Lösemitteln in die Umwelt, die eine erhebliche Umweltgefährdung darstellen. Besonders hoch (etwa doppelt so groß) ist der Lösemittelbedarf bei den meisten Metallic-Lacken (nahezu ein Drittel aller Personenkraftwagen haben eine Metallic-Lackierung). Sofern nicht allerhöchste Ansprüche an den Hochglanz des Lackes gestellt werden, bestehen bereits umweltfreundliche Lackierungsalternativen (z. B. Zweikomponentenlacke).

Lärm

Lärm ist jede Art von Schall, der vom Menschen als Störung oder Belästigung empfunden wird (Gegensatz: **Ruhe**). Gemessen wird in der Regel der Schalldruck, den eine Schallwelle auf das Trommelfell ausübt. Als Meßgröße für den Schalldruckpegel wird dabei das **Dezibel** — abgekürzt als dB(A) — verwendet. Hier einige Beispiele für Spitzenschallpegel, gemessen in verschiedenen Entfernungen:

Ticken des Weckers	— 30	dB(A)	1 m
normale Unterhaltung	— 50/60	dB(A)	1 m
Kraftwagen	— 80/85	dB(A)	7 m
Drucklufthammer	— 90/100	dB(A)	7 m
Düsenflugzeug	—100/110	dB(A)	100 m

Dabei ist zu berücksichtigen, daß eine Zunahme um 10 dB(A) eine Verzehnfachung der Zahl der Lärmquellen bedeutet.
Beispiel: 200 Pkw/Stunde verursachen im Durchschnitt einen L. von 55 dB(A), 2 000 Pkw/Stunde erzeugen einen L. von

65 dB(A) **(Mittelungspegel).** Eine Verzehnfachung der Fahrzeugmenge entspricht also nicht, wie verschiedentlich angenommen wird, einer Verdoppelung der Lautstärke.
L. gehört zu den im **Bundes-Immissionsschutzgesetz** genannten

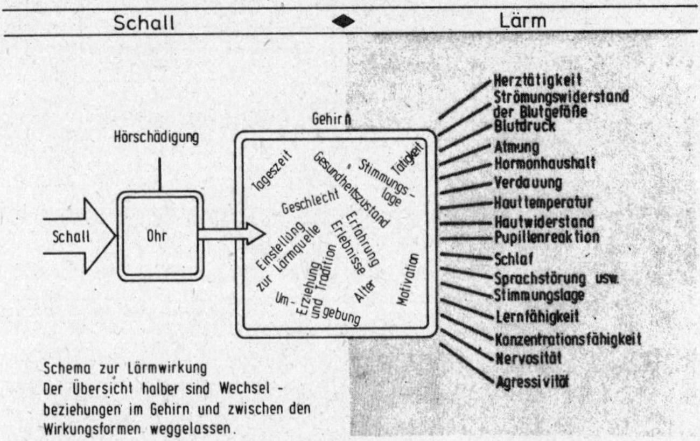

Allgemeines Lärmwirkungsschema
(Quelle: Umweltbundesamt)

schädlichen Umwelteinwirkungen, die geeignet sind, Gefahren, erhebliche Nachteile oder erhebliche Belästigungen für die Allgemeinheit oder die Nachbarschaft herbeizuführen.

Lärmarmes Kleinkraftrad

Besonders lästig wird von der Bevölkerung der Lärm hochtourig betriebener Kleinkrafträder empfunden. Bei diesen Fahrzeugen ist zwar der Hubraum, nicht aber die Höchstgeschwindigkeit oder die Motordrehzahl begrenzt. Dieses hat dazu beigetragen, daß **Kleinkrafträder** vom Hersteller auf hochtourigen Betrieb ausgelegt wurden und vom — meist jugendlichen — Betreiber auch im Alltag hochtourig gefahren werden. Der Bundesminister des Innern hat sich dafür eingesetzt, daß die entsprechenden Bestimmungen der **Straßenverkehrszulassungsordnung** geändert wurden, so daß künftig Kleinkrafträder mit höherem Hubraum von 80 cm^3 **(Leichtkraftrad)**, jedoch mit begrenzter Höchstgeschwindigkeit auf dem Markt angeboten werden können. Darüber hinaus sind im Auftrage des Bundesministers des Innern vom **Umweltbundesamt** Forschungs- und Entwicklungsaufträge durchgeführt worden, die optimale Konstruktionsdaten für ein L.K. erbringen sollen. Das erste Leichtkraftrad mit 80 cm^3 wird ab 1981 im Handel sein.

Lärmfindex

Vom **Umweltbundesamt** herausgegebener Informationsführer Lärmminderung, aus dem u. a. die zuständigen Aufsichtsbehörden, die Beratungs- und Informationsstellen, die Bundes- und Landesgesetze, die zuständigen Ressorts in Bund und Ländern, die Bundes- und Landesanstalten und die anerkannten Prüfstellen entnommen werden können. Der L. ist beim Umweltbundesamt kostenlos erhältlich.

Lärmfolgen

Belästigungen und Schädigungen durch **Lärm** können verschiedener Natur sein. Hierzu kann z. B. eine ständige Verärgerung über fortlaufenden und wiederkehrenden Lärm ebenso gehören wie Schlaf- und Konzentrationsstörungen. Bei geistigen Anstrengungen wirken Sprach-, Musik- und Geräuschfetzen besonders irritierend und ablenkend. Zu den körperlichen Schädigungen wird insbesondere die Lärmschwerhörigkeit bzw. -taubheit gerechnet. Aber auch andere Erkrankungen, wie Herz-, Kreislauf- und Stoffwechselerkrankungen, Müdigkeit, Nervosität, Kopfschmerzen u. a. werden zu den L. gerechnet.

Lärmgrenzwerte für Kraftfahrzeuge

Die zulässigen **Grenzwerte** (für die Geräuschentwicklung bei beschleunigter Vorbeifahrt in 7,5 m Abstand von der Fahrzeugmitte) sind durch die Richtlinie 77/212/EWG des EG-Ministerrats vom 1. April 1980 — (für Kraftomnibusse [KOM] mit einer Leistung von 200 DIN/PS und mehr ab 1. April 1982) um Stufen zwischen 2 bis 7 dB(A) herabgesetzt worden.

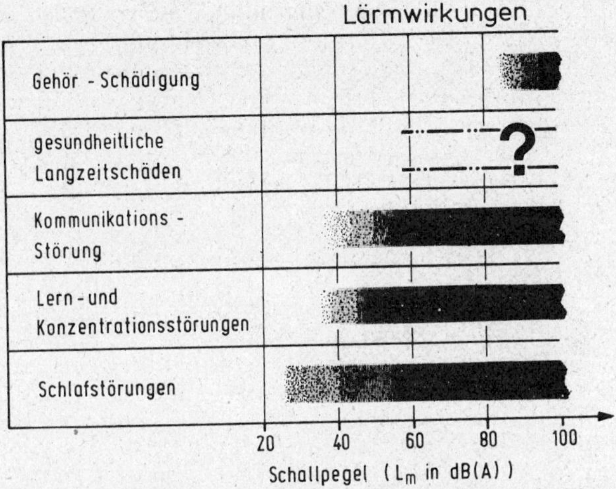

Wichtige Lärmwirkungen (vereinfacht) (Quelle: Umweltbundesamt)

In Übereinstimmung mit dem Sachverständigenrat für Umweltfragen ist die Bundesregierung der Auffassung, daß eine weitere Herabsetzung der L. für **Kraftfahrzeuge** auf die in nachfolgender Tabelle angegebenen Zielwerte 1985 erforderlich und wirtschaftlich-technisch möglich ist:

Kfz-Art	Grenzwert 1970	Grenzwert 1980/82	Zielwert für 1985
Pkw	82	80	75 dB(A)
Busse bis 3,5 t	84	81	76 dB(A)
Busse über 3,5 t	89	82	80 dB(A)
Busse über 200 PS	91	85	80 dB(A)
Lkw bis 3,5 t	84	81	78 dB(A)
Lkw über 3,5 t	89	86	80 dB(A)
Lkw über 200 PS und über 12 t	91	88	80 dB(A)

→ **Prüfung von Kraftfahrzeugen, Straßenverkehrs-Zulassungsordnung**

L

Lärmgrenzwerte für Zweiräder

Für **Krafträder, Mopeds** und **Mofas** sind in der „Richtlinie für die Geräuschmessung an **Kraftfahrzeugen**" zu § 49 **Straßenverkehrszulassungsordnung** (StVZO) **Grenzwerte** für die Geräuschentwicklung festgelegt, die in 7,5 m Abstand von der Fahrzeugmitte aus bei beschleunigter Vorbeifahrt gemessen werden:

Kraftrad (ohne Hubraumbegrenzung)	84 dB(A)
Kleinkraftrad (mit Hubraumbegrenzung)	79 dB(A)
Moped	73 dB(A)
Mofa	70 dB(A)

Besteht der Verdacht, daß diese Werte überschritten sind, kann die Polizei eine Vorführung beim **Technischen Überwachungs-Verein** veranlassen bzw. auf Abstellung von feststellbaren Mängeln dringen (z. B. fehlender oder defekter Auspuff). Ferner ist nach § 30 StVZO bei der Benutzung von Fahrzeugen unnötiges Lärmen verboten. Es ist insbesondere verboten:

— Fahrzeugmotore unnötig laufen zu lassen,
— unnötiges Hin- und Herfahren innerhalb geschlossener Ortschaften,
— unnötiges Beschleunigen der Fahrzeuge.

In solchen Fällen kann Anzeige bei der Polizei erstattet werden (Kennzeichen mitteilen und Anschriften von Zeugen benennen).

Mopeds sind, soweit keine Veränderungen an ihnen vorgenommen wurden, nicht übermäßig laut. Viel Lärm verursachen dagegen Krafträder mit Hubraumbegrenzung **(Kleinkrafträder).**

Lärmkataster

Datenzusammenstellung zur räumlichen Beschreibung der Lärmbelastung im regionalen oder überregionalen Bereich. Im L. werden z. B. die vom **Kraftfahrzeug**verkehr, Schienenverkehr oder Gewerbebetrieben verursachten **Schallpegel** unter Berücksichtigung der Pegelhöhen und -frequenzen, der zeitlichen Verteilung, der Straßenbreiten, Bebauungsarten und der meteorologischen Verhältnisse erfaßt.

Lärmminderung

Maßnahmen zur Reduzierung von **Schallpegeln**. Untersuchungen zeigen, daß sich die **Immission**en beim Betrieb von Personenkraftwagen im Mittel um 1 dB(A) verbessert und beim Betrieb von **Lastkraftwagen** im Mittel um 1 dB(A) verschlechtert haben, letzteres ist in der ständigen Zunahme der Motorleistung begründet. Als wichtigste Geräuschquelle gilt beim Lastkraftwagen bis zu einer Geschwindigkeit von etwa 80 km/h das **Motorgeräusch,** darüber dominiert das **Reifengeräusch.** Beim Personenkraftwagen wird schon oberhalb von 60 km/h im 4. Gang das Reifengeräusch zum wesentlichen Faktor. Dabei gibt es vom Reifen abhängige Unterschiede von etwa 4 dB(A). Insbesondere ist aber der Einfluß der Fahrbahnoberfläche von Bedeutung, der bei üblichen Asphalt-Beton-Fahrbahnen Unterschiede von 5 dB(A) und bei besonderen Fahrbahnbelägen (z. B. Pflasterstraßen) bis zu 10 dB(A) bewirken kann. Eine wirkungsvolle L. am **Kraftfahrzeug** sollte also eine Verminderung des Reifengeräusches einschließen. Es ist heute technisch mög-

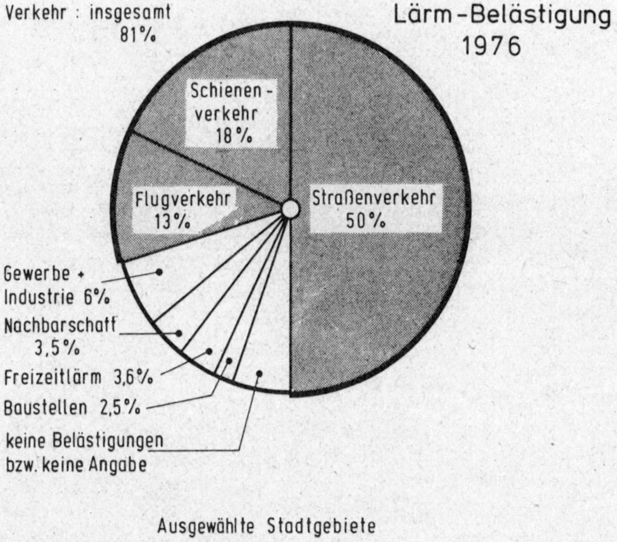

Anteil des Verkehrs an der Lärmbelästigung (Quelle: Umweltbundesamt)

lich, die Lärmwerte von Personenkraftwagen bis zu 8 dB(A), von Lastkraftwagen um bis zu 15 dB(A) und von Bussen um bis zu 10 dB(A) zu senken.
Im Auftrage des Bundesministers des Innern fördert das **Umweltbundesamt** gegenwärtig die Entwicklung mehrerer Demonstrationsprojekte zum Bau lärmarmer Personenkraftwagen, Busse und **Lastkraftwagen.** L. lassen sich auch erreichen durch Verbesserung an der **Auspuffanlage,** dem **Ansaugsystem,** durch Einbau von abschaltbaren Ventilatoren, durch Einbau eines **Automatik-Getriebe**s sowie durch **Kapselung** des Motorraumes und des Motors.

→ **Lärmbekämpfung, Lärmschutz, Lärmvorsorge, Straßenverkehrslärm, Verkehrslärm-Schutzgesetz**

Lärmminderungs-Anreize

Produktion, Kauf und Benutzung besonders lärmarmer Fahrzeuge sollten durch Schaffung von Anreizen gefördert werden. Solche Anreize können auch durch Rechtsvorschriften herbeigeführt werden. Als L.A. kämen z. B. in Frage:

— Die Schaffung von Benutzungsvorteilen für leise **Lastkraftwagen** und Busse, die von bestimmten zeitlichen und örtlichen Fahrbeschränkungen ausgenommen werden oder
— die Schaffung von finanziellen Vergünstigungen für lärmarme Motorfahrzeuge, wie z. B. die teilweise Befreiung von der Kraftfahrzeugsteuer.

Auch die Erhebung einer Lärmabgabe bei besonders lauten Kraftfahrzeugen könnte als L.A. eingeführt werden.

→ **Umweltzeichen**

Lärmprophylaxe → Lärmvorsorge

Lärmsanierungs- und Lärmvorsorgepläne

Viele Gebiete der Bundesrepublik Deutschland sind so sehr von **Lärm** belastet, daß sie saniert werden sollten. Auf der anderen Seite gibt es aber noch manche Gebiete, die so gut wie gar nicht durch Lärm beeinträchtigt sind und die gegen die Gefahr gesichert werden müssen, von Lärm überzogen zu werden. Es ist daher erforderlich, L. aufzustellen. Für die Erarbeitung derartiger Pläne mangelt es aber noch an Kriterien und Methoden.

L

Der Bundesminister des Innern läßt z. Z. die erforderlichen theoretischen Grundlagen entwickeln und in Zusammenarbeit mit Planungsinstanzen der Länder an Modellen praktisch erproben lassen.
→ **Lärmminderung**

Lärmschutz

Maßnahmen zum Schutz vor den Auswirkungen des Lärms. Für L. gibt es grundsätzlich zwei unterschiedliche Ansatzpunkte:
- Der aktive L. umfaßt alle Maßnahmen zur Verminderung zur Entstehung von Lärm unmittelbar an der Quelle. Praktische Beispiele dafür sind die Konstruktion geräuscharmer Motoren, die **Kapselung** von Motoren oder der Einbau abschaltbarer Ventilatoren in **Kraftfahrzeug**en.
- Der passive L. umfaßt den Einsatz schallhemmender Elemente. Beispiele hierfür sind **Lärmschutzfenster, Lärmschutzwände, -wälle** und -anpflanzungen.

→ **Drosselmotor, Lärmminderung**

Lärmschutzbauten

Dem Schutz vor Lärm vor allem an **Verkehrsweg**en dienende bauliche Anlagen. Neben **Schallschutzfenster**n und einer vorbeugenden Grundrißanordnung (mit Wohn- und Schlafräumen auf der dem **Lärm** abgewandten Seite) spielen dabei vor allem folgende Maßnahmen eine Rolle:
- Abschirmung durch **Lärmschutzwände, -wälle** oder Einschnitte (Pegelminderung: rund 10 db(A) bei Entfernung von bis etwa 200 m ungefähre Kosten: 800 bis 1200 DM je laufender Meter für 4 m hohe Wälle ohne Grundstückkosten)
- Untertunnelung oder Abdeckungen
  (Pegelminderung: 20—40 dB(A)
  ungefähre Kosten: 20 000—40 000 DM je Meter vierspuriger Straße).

L. sind dann nicht mehr wirksam, wenn man über die Wände bzw. Wälle hinweg die Straße bzw. Lärmquelle sehen kann.
→ **Untertunnelung**

L

Lärmschutzfenster

Die Schalldämmung von Fenstern läßt sich verbessern durch Erhöhung der Fugendichtheit, durch Vergrößerung der Scheibendicke, vor allem aber durch den Einbau eines weiteren Fensters hinter oder vor dem bereits vorhandenen. Der Scheibenabstand sollte dabei zwischen 10 und 20 cm liegen. Es gibt schalldämmende Fensterkonstruktionen, die eine Schalldämmung bis zu 50 dB(A) bringen. Einen Hinweis auf die notwendige Schalldämmung von Fenstern geben die in der Richtlinie des VDI 2719 „Schalldämmung von Fenstern" geforderten **Schallpegel** in Wohnräumen:

– Schlafräume nachts	
in reinen und allgemeinen Wohngebieten	25–30 dB(A)
in allen übrigen Gebieten	30–35 dB(A)
– Wohnräume tagsüber	
in reinen und allgemeinen Wohngebieten	30–35 dB(A)
in allen übrigen Gebieten	35–40 dB(A)
– Kommunikations- und Arbeitsräume	
Unterrichtsräume, ruhebedürftige Einzelbüros, Bibliotheken, Operationsräume usw.	30–40 dB(A)
Büros für mehrere Personen	35–45 dB(A)
Großraumbüros, Gaststätten, Läden	40–50 dB(A)

Die Werte für Schlaf- und Wohnräume sollten auch von Pegelspitzen um nicht mehr als 10 bis 20 dB(A) überschritten werden. Schalldämmende Fenster kosten je nach Schalldämmung 1000 bis 1500 DM pro m^2 (mit Lüftung), 600 bis 900 DM (ohne Lüftung).

Lärmschutzgesetz → Verkehrslärm-Schutzgesetz

Lärmschutzkosten → Umweltschutzkosten (Lärm)

Lärmschutzwall

Zu Zwecken des **Lärm**schutzes errichtete Barrieren, die sich im Vergleich zu **Lärmschutzwänden** im allgemeinen ästhetischer und harmonischer in die Landschaft einfügen lassen. Gegenüber Lärmschutzwänden haben L. einen hohen Platzbedarf und können deshalb erhebliche Grunderwerbsschwierigkeiten und -kosten verursachen. Für Stadtgebiete gibt es komprimierte L.,

die z. B. aus einem Betongerüst bestehen, das mit Erde ausgefüllt wird und anschließend begrünt wird. Die Vorteile der **Lärmschutzwand** und des L. lassen sich aber auch kombinieren: auf den L. wird eine Lärmschutzwand gesetzt und behindert dadurch ein Vordringen des Lärms über den Wall hinaus.
→ **Lärmminderung, Lärmschutzbauten**

Lärmschutzwand

Lärmschutz zur Verringerung von **Schallpegeln** an **Verkehrswegen**. L. werden normalerweise mit einer Höhe von 1 bis 5 Metern errichtet und wirken sich merklich im allgemeinen bis zur Entfernung von 300 Metern aus. Ca. 1—3 Meter hohe L. werden vorzugsweise für Brücken und Straßen in Hochlagen verwendet, ca. 3—5 Metern hohe L. für ebenerdige Verkehrsführungen. Die Länge von L. ergibt sich aus der Ausdehnung des zu schützenden Bebauungsbereichs, dem Bodenprofil und der Führung des Verkehrsweges. Durch Anpflanzungen und entsprechende Materialienwahl sowie durch unterschiedliche Farb- und Formgebung versucht man, die L. in die jeweilige Umgebung einzupassen. Bei normalem Boden, ebenem Gelände und Wandhöhen bis etwa 3 Metern liegen derzeit die Quadratmeterpreise für L. zwischen 140,— DM und 210,— DM ohne Grunderwerb.
L. stellen vielfach jedoch ein ästhetisches Problem dar; auch wird die Aussicht aus lärmgeschützten Bereichen behindert; es bleibt oft nur der Blick auf die L.
→ **Lärmminderung, Lärmschutzbauten**

Lärmvorsorge

Vorbeugende Maßnahmen zur **Lärmminderung**. Bei einer Verbesserung der L. wird es nach Meinung der Bundesregierung künftig darauf ankommen,
— den Verkehrsablauf auf den kommunalen Straßen zu verbessern, indem alle technischen Möglichkeiten (grüne Wellen, verkehrsabhängige Netz- und Knotenpunktsteuerung u. ä.) ausgeschöpft werden;
— den Verkehrsablauf auf überregionalen Straßen, die durch dichtbesiedelte Gebiete führen, durch Anwendung planeri-

scher Möglichkeiten und verkehrstechnischer Hilfsmittel zu verbessern.
- zu untersuchen, wie durch **Kapselung** der Motoraggregate die Lärmentwicklung bei schweren Nutzfahrzeugen gemindert werden kann;
- den **Kraftfahrzeug**verkehr intensiver zu überwachen;
- vor allem lärmarme Kraftfahrzeuge im öffentlichen Bereich zu verwenden;
- die Planungsträger aller Planungsebenen darüber zu unterrichten, welche Möglichkeiten und Grenzen für die Anwendung baulicher **Lärmschutzbauten** den Verkehrswegen bestehen;
- die Fachplanungen des Städtebaus und des **Verkehrswege**baus besser aufeinander abzustimmen, damit Siedlungen möglichst wenig unter Verkehrslärm zu leiden haben.

Verkehrsregelnde Maßnahmen sind bisher in erster Linie im Hinblick auf Sicherheit und Schnelligkeit des Verkehrs getroffen worden. Eine stärkere Beachtung des Schutzes der Straßenanlieger vor **Lärm** bei der Entscheidung solcher Maßnahmen ist notwendig. Zahlreiche verkehrsregelnde Maßnahmen, wie z. B. die Bündelung von Verkehrsstraßen und die Einrichtung **verkehrsberuhigter** Gebiete, könnten ganz entscheidend zur Entlastung der Bevölkerung beitragen. Schließlich kann der Bürger selbst in seinem Bereich vor allem durch entsprechende Auswahl und Verwendung technischer Geräte den Lärm spürbar vermindern.

→ **Lärmminderung**

Landschaftsverbrauch

Der **Straßenbau** zählt zu den größten Landschaftsverbrauchern innerhalb der Bundesrepublik Deutschland. Eine Untersuchung über die „unzerschnittenen verkehrsarmen Räume" ergab, daß nahezu 80 % aller Flächen in der Bundesrepublik Deutschland von **Verkehrswegen** zerschnitten sind. Der Straßenbau verursacht tiefgreifende Belastungen der Landschaft, die weit über den reinen Flächenbedarf hinausgehen. So werden bestehende Lebensgemeinschaften und Lebensräume (Ökosysteme) zerschnitten und in ihrer Funktionsfähigkeit gestört, da sich durch den Straßenbau Windrichtung, Temperaturen, Lichtverhältnisse, Niederschlagsmengen u. a. ändern. Auch wirken sich Störungen im Sickerwasserabfluß und der Bodenverdichtung negativ auf die Vegetation aus. Von **Kraftfahrzeug**en abgegebene Schadstoffe, wie z. B. **Abgase** oder **Abrieb** von Reifen und Asphalt, wirken weit in die angrenzenden Flächen hinein. Man schätzt, daß etwa 7 % der gesamtwirtschaftlichen Nutzfläche durch Schadstoffe aus dem Verkehrsbereich unmittelbar belastet und geschädigt werden. Neben der Belastung mit Schadstoffen spielt auch die Lärmbelastung eine besondere Rolle. Rund 78 % der von Verkehrsflächen begrenzten Landschaftsräume haben einen **Schallpegel** von über 50 dB(A) (dieses entspricht etwa dem Innengeräusch eines Personenkraftwagens).

→ **Flächenverbrauch**

Lastkraftwagen (Lkw)

Ein Lkw erzeugt etwa soviel **Lärm** wie 10 Pkw und 5mal soviel **Abgas.**

Durch Einsatz entsprechender Minderungstechnologien (z. B. **Kapselung** des Motors) läßt sich das Lärm- und Abgasverhalten von Lkws entscheidend verbessern.

→ **Lärmminderung**

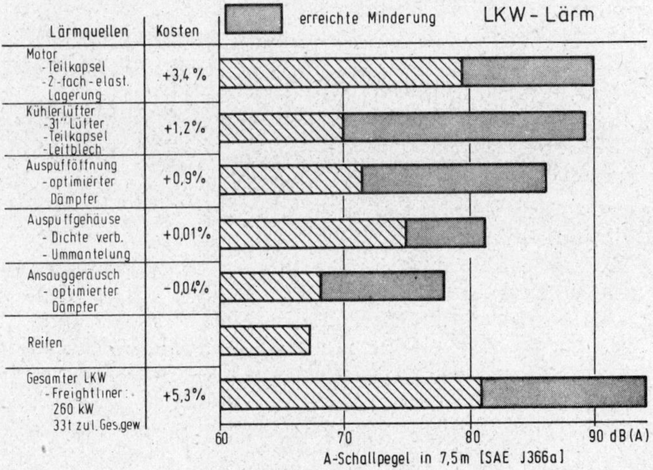

Möglichkeiten der Lärmminderung an Lastkraftwagen

L

Leichtkraftrad

Kraftrad mit einem Hubraum von höchstens 80 cm^3, einer zulässigen Höchstgeschwindigkeit von 80 km/h und einer Nennleistungsdrehzahl von nicht mehr als 6000 U/min. L. werden ab 1. Januar 1981 erhältlich sein. Zum Betrieb von L. ist der neue Führerschein 1 b erforderlich, der nach Vollendung des 16. Lebensjahres erworben werden kann und für den ab 1. 4. 1980 eine theoretische und praktische Prüfung notwendig ist. Das L. darf auch von Inhabern der Führerscheine 2, 3 und 4 gefahren werden, sofern sie vor dem 1. 4. 1980 erteilt worden sind.

L. ersetzen zukünftig die **Kleinkrafträder.** Durch den gegenüber Kleinkrafträdern vergrößerten Hubraum können L. bei gleicher Leistung mit niedrigeren Drehzahlen und damit leiser betrieben werden.

→ **Lärmarmes Kleinkraftrad**

Luftfilter

In **Kraftfahrzeugen** verwendete Filter zur Reinigung der für den Verbrennungsvorgang **(Kraftstoff-Luft-Gemisch)** benötigten Luft von Festpartikeln. Die in zunehmendem Maße eingesetzten Papierfilterpatronen mit feinen Poren tragen erheblich zur Lärmdämpfung am **Ansaugsystem** bei. Die Verwendung von Sport- und Ralleyfiltern mit zumeist kurzem Ansaugstutzen mit Drahtsieben führt meistens zu einer erheblichen Vergrößerung des Lärms. Verschmutzte L. verbrauchen mehr **Kraftstoff** und belasten die Umwelt durch mehr Schadstoffe im **Abgas.**

→ **Manipulation**

Luftverschmutzung

Bezeichnet die Verunreinigung des natürlichen Luftgemisches (Stickstoff, Sauerstoff, **Kohlendioxid,** Edelgase) mit gasförmigen und festen Stoffen. Hierzu gehören u. a. **Schwefeldioxid, Stickoxide, Kohlenmonoxid, Kohlenwasserstoffe,** Fluor- und Chlorverbindungen sowie Staub und Schwebstoffe (z. B. **Ruß, Asbest**).

→ **Kraftfahrzeugabgase**

Luftverschmutzung durch Kraftfahrzeugverkehr

L

Summe aller bei der Herstellung, dem Betrieb und der Beseitigung von **Kraftfahrzeug**en entstehenden Belastungen der Luft. Hierzu gehören Belastungen durch **Kraftfahrzeugabgase** ebenso wie die beim Umschlag, dem Transport und der Lagerung entstehenden **Verdampfungsverluste** von **Kraftstoff.** Die höchste L. tritt im Bereich städtischer Hauptverkehrsstraßen auf.
Schadstoffbelastungen im Jahresmittel (Orientierungswerte):

Komponenten	städt. Hauptverkehrsstraßen	städtische Wohngebiete	ländliche Gebiete
Kohlenmonoxid	10 mg/m³	2 mg/m³	0,2 mg/m³
Stickoxide	120 µg/m³	50 µg/m³	10 µg/m³
Benzol	40 µg/m³	15 µg/m³	3 µg/m³
Blei	1 µg/m³	0,5 µg/m³	0,03 µg/m³

(1 mg = 0,001 g, 1 µg = 0,000001 g)
Aber nicht nur im Außenbereich, sondern auch in den Kraftfahrzeugen selbst können hohe Schadstoffkonzentrationen auftreten:
Kohlenmonoxid: 12—43 mg/m³ (Mittelwert: 25 mg/m³),
Stickstoffmonoxid: 0,65—1,6 mg/m³ (Mittelwert: 1,1 mg/m³),
Stickstoffdioxid: 0,03—0,3 mg/m³ (Mittelwert: 0,1 mg/m³).
Während im Innenstadtbereich in Kraftfahrzeugen hohe Konzentrationen von Kohlenmonoxid und **Kohlenwasserstoff**en gemessen werden, überwiegen im Schnellverkehr (z. B. auf Autobahnen) Belastungen mit **Stickoxid**en. Die höchsten Schadstoffmengen werden unmittelbar am Straßenrand gemessen. Sie reduzieren sich bei unbebauten Straßen auf die Hälfte erst in einem Abstand von 15 bis 30 Metern, noch nach 100 Metern liegt die Belastung bei 10 bis 20 % des Ausgangswertes. In Straßenschluchten herrschen noch in 20 Meter Höhe Schadstoffkonzentrationen von 20 bis 30 % der in einer Höhe von 1,50 Metern gemessenen Werte. Die in höhere Luftschichten aufsteigenden Schadstoffe (vor allem Stickoxide und Kohlenwasserstoffe) werden teilweise zu noch gefährlicheren Stoffen umgewandelt und tragen z. B. zur Entstehung des **photochemischen** Smogs bei.

→ **Belastungsanteile**

L

Luftwiderstand
Bezeichnet den von der Luft einem fahrenden **Kraftfahrzeug** entgegengesetzten Widerstand. Die Luft drückt gegen die Frontseite, reibt sich an den Außenwänden, bildet energieverzehrende Wirbel um die Karosserie und bremst dadurch das Kraftfahrzeug ab. Mit steigender Geschwindigkeit wächst der L. überproportional. Eine Verdoppelung der Geschwindigkeit bedeutet eine Vervierfachung des L.: Je langsamer das Auto fährt, desto geringer sind der L. und der **Kraftstoff**verbrauch.
→ **CW-Wert, Geschwindigkeitsbegrenzung**

M

Magermotor
In der Entwicklung befindlicher **Otto-Motor,** bei dem ein mageres (mit Luftüberschuß) **Kraftstoff-Luft-Gemisch** verbrannt wird, um einen geringen Schadstoffanteil bei möglichst vollständiger Ausnutzung des eingesetzten **Kraftstoff**es zu erreichen. Beim Einsatz von M. gibt es zur Zeit noch Probleme im Teillastbereich, die einen durchgehend einwandfreien Betrieb des Motors verhindern.
→ **Schichtlade-Motor**

MAK-Werte-Liste
Eine von der „Kommission zur Prüfung gesundheitsschädlicher Arbeitsstoffe“ der Deutschen Forschungsgemeinschaft (Bonn) erarbeitete Liste mit Angaben der jeweils zulässigen Maximalen Arbeitsplatz-Konzentrationen. Die M. W. L. gibt **Grenzwerte** für gesundheitsschädliche Arbeitsstoffe an, um Gesundheitsschäden am Arbeitsplatz zu vermeiden. Neben der Stoffliste enthält die M. W. L. im Abschnitt III eine Klassifizierung von Arbeitsstoffen nach bewiesener oder vermuteter Kanzerogenität in drei Klassen: III A 1 (Stoff verursacht nachweislich beim Menschen **Krebs**), III A 2 (Stoff verursacht nachweislich im Tierversuch Krebs) und III B (krebserzeugende Wirkungen werden vermutet).
→ **MIK-Werte**

Manipulation
An **Kraftfahrzeug**en vorgenommene Veränderungen, die in der Regel der Erhöhung der Geschwindigkeit dienen und häufig

das **Lärm**verhalten beeinflussen. Die meisten M. werden an motorbetriebenen **Zweirädern** vorgenommen. Hierzu gehören u. a. der Einbau nicht typengeprüfter Tuningsätze, **Luftfilter** und **Auspuffanlagen** sowie die Änderung oder Entfernung von Motor-, Auspuff- und Karosserieteilen. Die M. von Kraftfahrzeugen ist nach der **Straßenverkehrs-Zulassungsordnung** verboten und führt häufig zu höheren **Lärm-** und **Abgas**belastungen.

Meß- und Prüfverfahren → CVS-Test, Europa-Test, Grenzwerte

Metall-Hybrid-Speicher → Gasmotor

Methanol

(Methylalkohol) M. wird u. a. verwendet als Lösemittel, Vergällungs- und **Frostschutzmittel.** Seit kurzem wird M. versuchsweise dem **Benzin** von **Kraftfahrzeug**en beigemischt, um dessen Eigenschaften als Benzinersatzstoff zu untersuchen. In größeren Mengen aufgenommen ist M. giftig. Es wird vom menschlichen Organismus nur teilweise oxidiert, der Rest wird unverändert ausgeschieden. M.-Vergiftungen äußern sich in Schwindel, Kopfschmerzen, Rausch, verschwommenem Sehen, Augenschmerzen, Sehstörungen bis zur Erblindung.
M. kann auf Kohlebasis hergestellt werden.
→ **Kraftstoffe**

MIK-Werte

Von der „Kommission zur Reinhaltung der Luft“ (Verein Deutscher Ingenieure) erarbeitete Maximale Immissions-Konzentrationen, unterhalb derer Menschen, Tiere, Pflanzen und schutzwürdige Sachgüter vor Schädigung und erheblicher Belästigung geschützt sein sollen (VDI-Richtlinie 2310).
→ **Immission, MAK Werte-Liste**

Mineralöl → Öl

Mitfahrergemeinschaft → Fahrgemeinschaft

M

Mittelungspegel

Zur Erfassung einer **Lärm**situation über bestimmte Zeiträume (z. B. Tages- oder Nachtzeit) gebildeter **Schallpegel**-Mittelwert.

→ **Dezibel**

Mobilität

Möglichkeit zwischen verschiedenen Orten frei zu verkehren oder den Wohnsitz frei zu wählen. Die in den vergangenen Jahrzehnten vollzogene städtebauliche Fehlentwicklung zur Trennung zwischen Wohn- und Arbeitsstätten führte zu einer erzwungenen M. Die M. wurde bisher auch von der **Verkehrsplanung** stark gefördert, ohne daß deren Nachteile ausreichend berücksichtigt wurden. So wurde häufig nicht bedacht, daß die erhöhte M. einer bestimmten Gruppe (z. B. Pkw-Fahrer) für andere Gruppen mit Nachteilen verbunden ist (die einseitige Förderung des **Individualverkehrs** geht zu Lasten des **öffentlichen Personennahverkehrs**, hierdurch werden Nicht-Autofahrer benachteiligt). Oft wurde auch vergessen, daß extreme M. („jedem Bürger sein eigenes Auto") und weitgehende Immobilität nahe beieinander liegen, berücksichtigt man die totale Abhängigkeit von der **Kraftstoff**versorgung und der Kapazität der **Verkehrswege.**

Modal Split → Verkehrsmittelwahl

Mofa

Mit Pedalen versehenes **Zweirad** mit einem Hubraum von höchstens 50 cm^3 und einer Höchstgeschwindigkeit von 25 km/h sowie einem **Lärmgrenzwert** von 70 dB(A). Hersteller von M. müssen eine Erklärung abgeben, daß sie keine einbaugleichen Teile zur Geschwindigkeitserhöhung vertreiben.

→ **Manipulation**

Moped/Mokick

Mit Pedalen oder festen Fußrasten versehenes **Zweirad** mit einem Hubraum von bis zu 50 cm^3 und einer Höchstgeschwindigkeit von 40 km/h bei einem **Lärmgrenzwert** von 73 dB(A).

M

Motorgeräusch
Summe der von den Motoraggregaten (Brennkammer, Ventiltrieb, Zahnräder und Ketten, Kühlanlage u. a.) abgegebenen Geräusche. Das M. hängt im wesentlichen von der Drehzahl und zu einem geringeren Teil von der Gaspedalstellung ab. Ein mit 4 000 Umdrehungen in der Minute laufender Motor erzeugt ebenso viel **Lärm** wie 32 Motoren, die mit 2 000 Umdrehungen in der Minute betrieben werden.
→ **Betriebszustand, Fahrgeräusch, Gaswechselgeräusch, Reifengeräusch, Standgeräusch**

Motorisierung → Verkehrsaufkommen

Motorkonzepte → Diesel-Motor, Drosselmotor, Elektromotor, Gasmotor, Hybridantrieb, Magermotor, Otto-Motor, Schichtlademotor, Solarmotor, Stirling-Motor, Wankel-Motor

Motorrad → Kleinkraftrad, Kraftrad

N

Nachtfahrverbot → Straßenverkehrsordnung

Nachverbrennung
Anlage zur Verbrennung vom im **Abgas** enthaltenen Schadgasen. Durch die N. werden **Kohlenmonoxid-** und **Kohlenwasserstoff**anteile im Abgas zu **Kohlendioxid** und Wasser umgewandelt. Die Verwendung von N.-Anlagen verursacht einen erhöhten **Kraftstoff**verbrauch. In der Bundesrepublik Deutschland werden Fahrzeuge mit N. nicht angeboten; von deutschen Automobilherstellern exportierte Fahrzeuge sind jedoch zum Teil damit ausgestattet.

Neuzulassungen
In der Bundesrepublik Deutschland wurden im Jahre 1978 2 663 754 Personenkraftwagen (2 079 245 in der Bundesrepublik gefertigte Personenkraftwagen), 131 509 **Lastkraftwagen,** 7 449 Sattelzugmaschinen, 6 360 Omnibusse und 10 884 andere **Kraftfahrzeuge** neu zum Verkehr zugelassen.
→ **Kraftfahrzeugbestand, Kraftfahrzeugprognose**

N

Nitrose Gase

Gemisch stickoxidhaltiger (Stickstoffmonoxid, Stickstoffdioxid) u. a. Gase, das allgemein als NO_x bezeichnet wird.

N. G. treten u. a. in **Kraftfahrzeugabgasen** auf. Sie können in höheren Konzentrationen die Atemwege schädigen (**Immissions**-Werte siehe **Stickoxide**).

N. G. werden überwiegend von Kraftfahrzeugen mit **Otto-Motoren,** Kraftwerken und Industriefeuerungen abgegeben.

NO_x → Stickoxide

O

Öffentlicher Personennahverkehr (ÖPNV)

Jedermann zugängliche öffentliche Nahverkehrsmittel, wie z. B. S-Bahn, U-Bahn, Stadtbahn, Straßenbahn, Linienbusse, Zahnrad-, Seil- und Schwebebahnen.

Im Jahre 1979 wurden in der Bundesrepublik Deutschland 6478 Millionen Menschen mit den Einrichtungen des ÖPNV transportiert (**Individualverkehr:** 28 743 Millionen). Dabei wurden 70 300 Millionen Personenkilometer (Individualverkehr: 466 100 Millionen) zurückgelegt. Der ÖPNV hat gegenüber dem Individualverkehr mit Personenkraftwagen deutliche Vorteile. Z. B. entstehen pro Personenkilometer ca. 20 % weniger Kosten und 75 % weniger **Abgase**. Das Tötungsrisiko ist beim Individualverkehr 15mal, das Verletzungsrisiko 56mal größer. Künftig wird es darauf ankommen, den ÖPNV noch attraktiver zu machen. Hierzu ist es erforderlich, die Reisezeiten zu verbessern, das Sitzplatzangebot zu vergrößern und das Preis-Leistungs-Verhältnis zu erhöhen. Dieses kann u. a. durch Einrichtungen getrennter Fahrspuren für Bus und Straßenbahnen, durch Bevorrechtigung des ÖPNV an Signalanlagen, durch Ausbau der Netze, durch Verbesserung der Linienführung sowie durch Entwicklung neuer Verkehrssysteme (**Kabinenbahnen, Bedarfs-Bus**) erreicht werden.

→ **DUO-Bus, Gelenkbus, Park and Ride, S-80, Verkehrsplanung, Verkehrsverbund**

Öl

Gemeinsamer Begriff für wasserunlösliche, flüssige, organische Verbindungen pflanzlichen, tierischen oder mineralischen

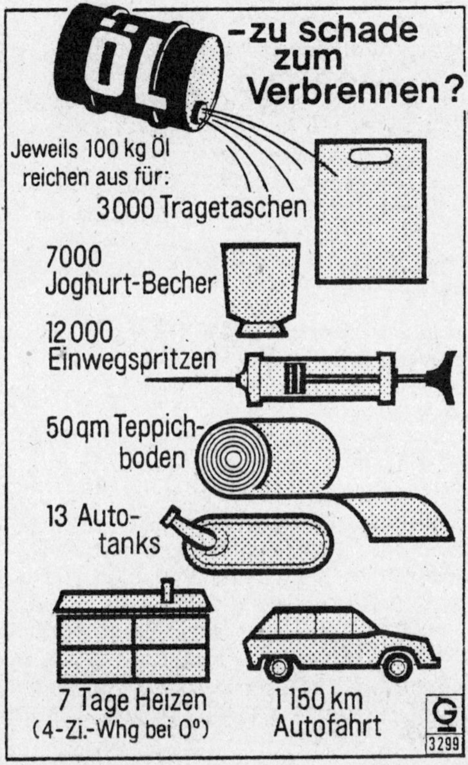

(Quelle: Globus)

Ursprungs. Umweltprobleme entstehen insbesondere bei der Gewinnung, dem Transport, der Lagerung, der Verarbeitung und der Verbrennung mineralischer Öle (Heizöl, **Dieselkraftstoff,** Motorenöle u. a.), aber auch bei der Beseitigung der Abfallstoffe (z. B. **Altöl**). Mineralische Öle sind stark gewässerschädigend, eine Konzentration von einem Gramm Öl pro Liter Wasser gilt im allgemeinen für Fische als tödlich, 0,05 Gramm als gefährlich.

→ **Altölgesetz, Benzo[a]pyren, wassergefährdende Stoffe**

O

Ölabscheider → Abscheider

Oktanzahl (OZ)
Meßzahl für die **Klopf**festigkeit von **Otto-Kraftstoff**en (bei **Diesel-Kraftstoff**en: **Cetanzahl**).

Otto-Kraftstoff
Kraftstoff zum Betrieb von **Otto-Motor**en. Der O. K. besteht aus **Kohlenwasserstoff**en und wird durch Raffination von Erdöl gewonnen.
→ **Antiklopfmittel, Benzin, Benzol, Dieselkraftstoff, Oktan-Zahl**

Otto-Motor
Häufigstes Antriebselement bei **Kraftfahrzeug**en. Der O. verbrennt ein **Kraftstoff-Luft-Gemisch** und gibt dabei pro Fahrstunde durchschnittlich 100 000 Liter **Abgase** (u. a. **Kohlenmonoxid, Kohlenwasserstoffe, Stickoxide** sowie **Blei**verbindungen) ab. Verschiedene Vorschriften regeln in der Bundesrepublik den Bleigehalt im **Benzin (Benzin-Blei-Gesetz)** und die Höchstmengen für **Kohlenmonoxid** und **Stickoxide.**
→ **Belastungsanteile, Diesel-Motor, Kraftfahrzeugabgase, Straßenverkehrslärm, Straßenverkehrs-Zulassungsordnung**

OZ → Oktanzahl

Ozon
Im Gegensatz zur landläufigen Meinung hochgiftiges Gas. Ozon bildet sich in höheren Luftschichten (20 bis 40 km) und filtert dort die gefährliche UV-B-Sonnenstrahlung. In der unteren Atmosphäre bildet sich O. unter dem Einfluß des Sonnenlichts aus **Stickoxiden** und **Kohlenwasserstoffen,** zwei **Schadgasen,** die vornehmlich durch **Kraftfahrzeuge** in die Umwelt gelangen.
→ **Photooxidantien, Photochemischer Smog**

P

PAH → polyzyklische aromatische Kohlenwasserstoffe

Park + Ride
Verkehrssystem, das die Vorteile des **Individualverkehr**s und des **öffentlichen Personennahverkehr**s miteinander verbindet. In

Gebieten mit geringem Verkehrsaufkommen, wie z. B. in den Außenbereichen der **Verdichtungszonen**, kann die Anfahrt an den Rand der Kernstadt mit dem privaten Personenkraftwagen erfolgen. Der Fahrgast parkt dort sein Fahrzeug (Auto/Fahrrad) und fährt mit dem öffentlichen Verkehrsmittel in das Zentrum weiter. P. + R.-Systeme können die Umweltbelastung in **Ballungsgebiet**en wesentlich verringern. Ein gut funktionierendes P. + R.-System im Berufsverkehr besteht z. B. zur Zeit in Hamburg.

Partikel → Ruß, Staub

Passiver Schallschutz → Lärmschutz

Pendler

Personen, deren Wohn-, Einkaufs-, Bildungs- und/oder Arbeitsstätten räumlich so weit voneinander getrennt sind, daß diese jeweils nur mit Fahrzeugen erreicht werden können. Hauptursache für das „Pendeln" ist das zweiseitige Ungleichheits-(Disparitäten-)Gefälle zwischen ländlichen und **Ballungsgebiet**en. Während ländliche Gebiete über einen hohen Wohn- und Freizeitwert bei verhältnismäßig geringen Kosten verfügen, zeichnen sich Ballungsgebiete durch gute Verdienstmöglichkeiten aus. Mehr als 40 % aller in Ballungsgebieten tätigen Arbeitnehmer gehören zur Gruppe der P.

→ **Stadtflucht**

Peroxyacetylnitrat (PAN)

Chemische Verbindung, die wie **Ozon** aus **Kohlenwasserstoff**en und **Stickoxid**en, unter Einfluß starker Sonnenstrahlung gebildet wird. PAN ist Bestandteil des **photochemischen Smog**s und wurde erstmals im Raum von Los Angeles, später auch im mitteleuropäischen Raum nachgewiesen. PAN wird für Schleimhautreizungen (insbesondere Tränenreiz) und Pflanzenschäden verantwortlich gemacht.

→ **Photooxidantien**

Photochemischer Smog

Aus **Kraftfahrzeug**en und anderen Quellen stammende **Stickoxide** und **Kohlenwasserstoffe** können sich mit Sauerstoff unter

Einfluß intensiver Sonnenstrahlung (d. h. vor allem im Sommer) zu sog. **Photooxidantien** umwandeln. Zu diesen gehört auch das **Ozon,** das zusätzlich durch atmosphärische Transportvorgänge von der Stratosphäre in erdnahe Luftschichten gelangt und die Ozonkonzentration erhöhen kann. Übersteigt die Ozonkonzentration einen Wert von etwa 300 Mikrogramm/m^3 Luft, kommt es zur Sichttrübung, zum sog. "Photochemischen Smog" („Los-Angeles-Smog").

→ **Nitrose Gase**

Photooxidantien

Aus **Kraftfahrzeugen** und anderen Quellen stammende **Kohlenwaaserstoffe** und **Stickoxide** können durch physikalische und chemische Prozesse in den unteren Luftschichten unter Einwirkung starker Sonnenstrahlung P. bilden. Zu den P. gehören u. a. **Ozon, Peroxyacetylnitrat,** Salpetersäure und organische Säuren. P. sind stärker umweltbelastend als ihre Ausgangsstoffe. Beim Menschen reizen P. Augen und Schleimhäute, beeinträchtigen Atemwege und das Lungengewebe. An landwirtschaftlichen und gärtnerischen Kulturen können z. T. schwere Schäden entstehen (vor allem in USA und Holland beobachtet). P. bleichen bestimmte Textilfarbstoffe aus und schädigen Gummi (z. B. Autoreifen) sowie Anstriche (Schädigung von Materialien).

→ **Photochemischer Smog**

Planfeststellungsverfahren

Als Voraussetzung für die Realisierung bestimmter öffentlicher Planungen (z. B. Bau von **Bundesfernstraßen,** Straßen, Schienenwegen oder Wasserstraßen) durchgeführtes Planungsverfahren, dessen Durchführung in den betreffenden Gesetzen (z. B. **Bundesfernstraßengesetz**) geregelt ist. Die P.-Behörde führt das Verfahren durch (Behördenbeteiligung, Auslegung der Pläne). Während einer vierwöchigen Offenlegung der Pläne können betroffene Privatpersonen Einsprüche vorbringen. Können vorgebrachte Einsprüche bei der anschließenden Anhörung nicht ausgeräumt werden, entscheidet die Planfeststellungsbehörde (z. B. die Straßenbauverwaltung oder — bei Bundesstraßen —

der Bundesverkehrsminister). Gegen einen solchen Beschluß sind Widersprüche und Verwaltungsklagen möglich.

→ **Bürgerbeteiligung, Raumordnungsverfahren, Verkehrsplanung**

Polyzyklische aromatische Kohlenwasserstoffe (PAH)

Aromatische Verbindungen, deren Molekülgerüst aus mehreren **Benzol**ringen besteht. Einige PAH's (z. B. **Benzo[a]pyren**) sind **krebs**erzeugend. Sie entstehen vor allem bei unvollständigen Verbrennungsprozessen (Kohleöfen, **Kraftfahrzeugen**).

→ **Kohlenwasserstoffe**

Porsche Studie → Umweltschutzkosten

Projektgruppe Lärmbekämpfung → Aktionsprogramm Lärmbekämpfung

Prüfung von Kraftfahrzeugen

Nach § 29 Abs. 1 der **Straßenverkehrs-Zulassungsordnung** unterliegen alle Fahrzeuge, die ein eigenes Kennzeichen haben müssen, einer regelmäßigen Untersuchungspflicht. Hierbei wird bei Fahrzeugen mit **Otto-Motor**en u. a. der **Kohlenmonoxid**gehalt im **Abgas** (bei Leerlaufbetrieb) geprüft. Eine **Lärm**messung an **Kraftfahrzeug**en wird nur dann durchgeführt, wenn die Geräuschentwicklung bei subjektiver Beurteilung als zu hoch empfunden wird. Dieses ist darauf zurückzuführen, daß einerseits die Prüfungsgebühren eine derartige Prüfung noch nicht beinhalten und deswegen noch nicht alle Prüfstände mit einer ausreichenden Anzahl von Meßgeräten ausgestattet werden konnten. Andererseits sind die derzeit gültigen Meßtoleranzen aus juristischen Gründen sehr hoch angesetzt, so daß nur wirklich erhebliche Geräuschüberschreitungen beanstandet werden können. Derartige Fälle lassen sich aber meist auch durch eine Sichtprüfung feststellen, da hier in der Regel technische Änderungen oder mechanische Schäden an der **Auspuffanlage** vorliegen.

→ **Abgasprüfverfahren, Kraftfahrzeugmängel, Technischer Überwachungsverein, Wartung**

R

Rauch

Mit Schwebstoffen (Flugasche, **Ruß** u. a.) angereicherte Luft aus Verbrennungsvorgängen. R.gase wirken schädlich auf die Atemorgane von Mensch und Tier, auf die Pflanzenwelt sowie auf Materialien. R. vermindert die Sonneneinstrahlung und begünstigt die Nebelbildung **(Smog).** R. wird im Straßenverkehr überwiegend von **Diesel-Motor**en erzeugt.

→ **Schädigung von Materialien, Schädigung von Pflanzen, Schädigung von Tieren, Umweltgifte**

Raumordnungsverfahren

R. dienen zur Klärung der Frage, ob ein raumbedeutsames Planungsobjekt (Autobahn- oder Eisenbahntrasse, Tagebau usw.) mit den Zielen der Raumordnung und Landesplanung vereinbar und somit raum- und umweltverträglich ist. An R. sind alle Behörden und Institutionen beteiligt, die „Träger öffentlicher Belange“ sind. R. sind verwaltungsinterne Verfahren ohne **Bürgerbeteiligung;** eine gerichtliche Anfechtung ist nicht möglich. R. sind in den meisten Bundesländern vorgesehen, jedoch inhaltlich und von den Verfahrensschritten her von Land zu Land verschieden.

→ **Umweltverträglichkeitsprüfung, Verkehrsplanung**

Recycling

Bezeichnung für die Rückführung von Abfallstoffen in den Produktionsprozeß. **Altreifen** z. B. können als Ausgangsmaterial für die Herstellung von Bodenbelägen, Ölen oder Druckerschwärze dienen. Aus **Autowracks** können die wertvollen Metallanteile zurückgewonnen werden.

→ **Zweitraffinate**

Reichsgaragenordnung (RGaO)

Die „Verordnung über Garagen und Einstellplätze“ vom 17. 2. 1939 (RGBL. I S. 219) verlangt für Neubauten jeweils eine bestimmte Anzahl von Stellplätzen und enthält Vorschriften zur Vermeidung von Schäden und Belästigungen durch **Lärm** und Gerüche im Bereich von Garagen und Einstellplätzen.

→ **Flächenbedarf**

Reifengeräusch

(Rollgeräusch) Von der **Kraftfahrzeug**geschwindigkeit abhängendes Geräusch, das bei Personenkraftwagen ab einer Geschwindigkeit von 60 km/h im 4. Gang und bei **Lastkraftwagen** bei einer Geschwindigkeit von 80 km/h das **Motorgeräusch** übertrifft. Starken Einfluß auf das R. hat die Fahrbahn, unebene Fahrbahnen wie Pflasterstraßen begünstigen ein großes R., Fahrbahnen mit glatter Oberfläche ein geringes R. Einfluß auf das R. hat auch der Fahrer selbst, durch **Kavalierstart** oder zu schnelles Kurvenfahren kann er das R. um ein Mehrfaches erhöhen. Ein zu niedriger Reifenluftdruck fördert darüber hinaus nicht nur den Reifenverschleiß, sondern auch das R. beim Bremsen und Kurvenfahren.

→ **Gaswechselgeräusch, Standgeräusch**

Richtgeschwindigkeit

Die in der **Straßenverkehrsordnung** enthaltenen **Geschwindigkeitsbegrenzungen** gelten nicht für Autobahnen. Nach der „Autobahn-Richtgeschwindigkeits-Verordnung“ v. 21. 11. 78 (BGBL. I S. 1824, BGBL III S. 9231-1-2) wird Führern von Personenkraftwagen empfohlen, nicht schneller als 130 km/h auf Autobahnen zu fahren. Die R. ist unter Umweltschutzgesichtspunkten wirkungslos. In allen anderen europäischen Ländern sind die Höchstgeschwindigkeiten begrenzt.

Rollgeräusch → Reifengeräusch

Rostbildung → Korrosion

Rückstellungsfond → Altöl-Beseitigungsgesetz

Rufbus → Bedarfsbus-System

Ruhe

Abwesenheit störender Geräusche. R. ist nicht zu verwechseln mit Stille, die das Fehlen jeglicher Geräusche bedeutet. Stille wird von den meisten Menschen ebenso unangenehm empfunden wie **Lärm.**

R

Runderneuerung → **Altreifen, Umweltzeichen**

Rush-Hour → **Verkehrsspitzen**

Ruß
U. a. bei der Verbrennung im **Diesel-Motor** entstehende Festpartikel. Die stärkste R.-bildung tritt im praktischen Betrieb bei hoher Last und niedrigen Drehzahlen auf. Es wird vermutet, daß R. als Trägersubstanz für die ebenfalls im **Abgas** enthaltenen (krebserzeugenden) **polyzyklischen aromatischen Kohlenwasserstoffe** fungiert. Richtige Wartung von Diesel-Motoren ist daher unbedingt erforderlich, da andernfalls der R.-anteil auf das 5- bis 10fache des Normalwertes steigen kann.

S

S-80
Für den **öffentlichen Personennahverkehr** im Auftrage des BMFT entwickelter Stadt-Linienbus, in dem zahlreiche Verbesserungen wie z. B. bequemer Einstieg, gute Rundumsicht, verbesserte Sitz- und Haltemöglichkeiten, größere Laufruhe und verbesserter Rostschutz verwirklicht wurden.
→ **DUO-Bus, Gelenkbus, Kabinenbahnen**

Sammeltaxi
Personenbeförderungssystem, bei dem die Vorteile des **Individualverkehrs** mit denen des **öffentlichen Personennahverkehrs** verbunden werden. Bei S. können je nach Anzahl der freien Plätze und Verträglichkeit der Fahrziele beförderungswillige Personen zusteigen. S. können eine Alternative zum **Individualverkehr** sein.

Scavenger
Hilfsmittel zur Herbeiführung chemischer Reaktionen. Um z. B. die Ablagerung von **Blei**oxid, das sich aus den **Antiklopfmitteln** (**Bleitetraäthyl**, Bleitetramethyl) bildet, im Motor zu verhindern, werden dem **Benzin** als S. **Dichloräthan** und Dibromäthan zugesetzt. Dadurch bilden sich flüchtige Bleihalogenide, die mit den Auspuffgasen ausgeschieden werden.

Schadgase

Bezeichnung für eine Vielzahl von Gasen und Dämpfen mit unterschiedlichem Wirkungscharakter und Angriffspunkt. Unterschieden werden Reizgase (bewirken wie z. B. **Schwefeldioxid** Reiz- und Entzündungseffekte), Stickgase (verhindern wie z. B. **Kohlenmonoxid** die Sauerstoffversorgung des Gewebes), narkotisch wirksame Gase (wirken wie z. B. Äther betäubend auf den Organismus) und systemisch wirkende Gase (schädigen wie z. B. **Benzol** die Blutbildung oder wie Schwefelkohlenstoff das Nervensystem).

Schadstoffe → Umweltgifte

Schädigung von Materialien

Verunreinigungen der Luft wie z. B. **Staub, Schwefeldioxid, Stickoxide** und andere säurebildende Gase sowie **Photooxidantien** können bei Materialien die natürlichen Verwitterungs- und Alterungsvorgänge beschleunigen oder diese in anderer Weise angreifen und so erheblich schädigen. U. a. wird durch Schadstoffeinwirkung die Metall**korrosion** und die Verwitterung von Baustoffen beschleunigt, bei Textilien kann sich die Zugfestigkeit (und damit die Gebrauchsdauer) verringern, gefärbte Textilien können ausbleichen oder sich verfärben. In staubbelasteten Gebieten müssen Textilien außerdem öfters gewaschen werden. Besorgniserregend sind die Schäden an Kunstgütern und Denkmälern, besonders bei Bronzedenkmälern, Kalksandsteinbauten und mittelalterlichen Glasfenstern (z. B. Stein- und Glaszerfall am Kölner Dom).
Eine weitere Ursache für die S. können die z. B. vom Schwerverkehr verursachten **Erschütterungen** sein.
→ **Schädigung von Pflanzen, Schädigung von Tieren, Umweltgifte**

Schädigung von Menschen → Umweltgifte

Schädigung von Pflanzen

Pflanzen reagieren gegenüber **Umweltgiften** teilweise wesentlich empfindlicher als der Mensch. Dieses gilt insbesondere für Einwirkungen von **Schwefeldioxid,** Fluorwasserstoffe, Chlor, Salze und bestimmte **Kohlenwasserstoffe.** Gegen **Kohlenmonoxid** sind

S

Pflanzen hingegen unempfindlich. In der Nähe verkehrsreicher Straßen können z. B. durch **Kraftfahrzeugabgase** und **Streusalz**e Schäden an der Vegetation entstehen, die sich z. B. im Vergilben der Blätter, im Kümmerwuchs oder im Absterben von Pflanzenteilen oder der ganzen Pflanze zeigen.

→ **Schädigung von Materialien, Schädigung von Tieren**

Schädigung von Tieren

Tiere werden ebenso wie Menschen durch **Lärm** und **Umweltgifte** geschädigt. Von der S. kann nur bedingt auf mögliche Gefährdungen des Menschen zurückgeschlossen werden. Landwirtschaftliche Nutztiere sind gegenüber Fluor und **Blei** besonders empfindlich.

→ **Schädigung von Materialien, Schädigung von Pflanzen, Streusalz**

Schall → Lärm

Schalldämpfer → Auspuffanlage

Schallpegel

Maß für die Schallintensität in logarithmischer Darstellung.

→ **Dezibel, Mittelungspegel**

Schallschutz → Lärmschutz

Schichtlademotor

Motorengruppe, die sowohl Eigenschaften des **Otto-Motor**s wie auch des **Diesel-Motor**s aufweist. In S. wird nur in der Nähe der Zündkerze ein reiches, zündfähiges Gemisch bereitgestellt, während im übrigen Teil des Brennraums ein mehr oder weniger mageres (je nach Motorleistung) Gemisch vorhanden ist. Mit der Zündkerze wird zunächst das reiche Gemisch, mit diesem dann das magere Gemisch gezündet. Dadurch gelingt es insbesondere im Teillastbetrieb (z. B. im normalen Stadtbetrieb) insgesamt sehr magere Gemische sicher, d. h. ohne Zündaussetzer, verbrennen zu können. Ein S. benötigt weniger **Kraftstoff** und erzeugt weniger **Abgas**e als ein herkömmlicher Otto-Motor. Die Mehrkosten für einen S. betragen ca. DM 350,—. In der Bun-

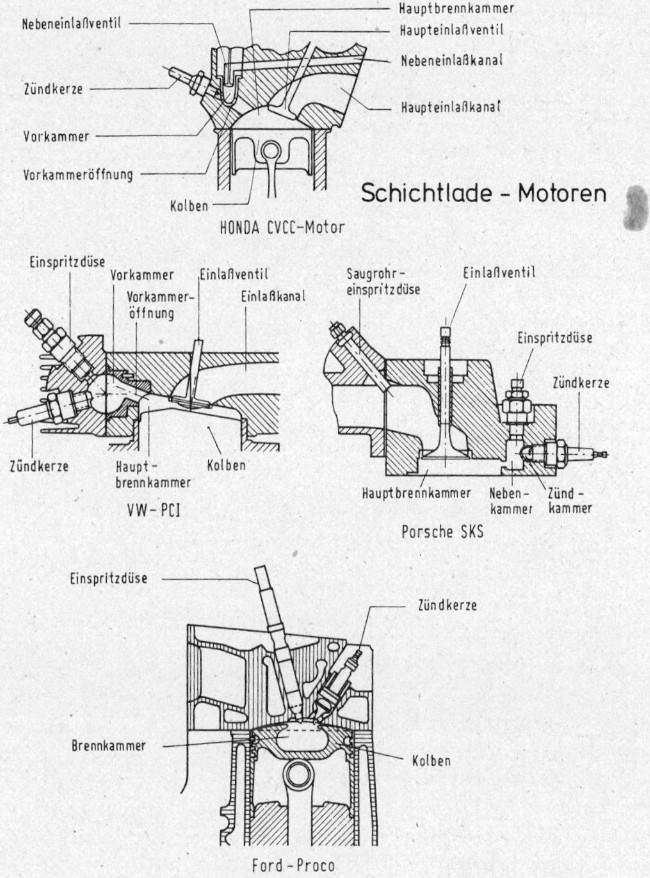

Beispiele von Schichtlademotoren
(Quelle: Umweltbundesamt)

desrepublik Deutschland werden z. Zt. keine Fahrzeuge mit S. angeboten.

→ **CVCC-Motor, Magermotor**

S

Schlafstörungen

S. werden in der Bevölkerung häufig registriert. Dabei gewinnen auf Verkehrs**lärm** zurückgehende S. zunehmend an Bedeutung. Lärm kann zur Erschwerung und Verzögerung des Einschlafens und zum Aufwachen führen und die Schlafqualität bei nicht aufwachenden Personen beeinflussen. Lärm wirkt aktivierend auf den menschlichen Organismus und stört vor allem Einschlafphasen oder das Wiedereinschlafen nach dem Aufwachen. Besonders schlafhindernd bzw. schlafstörend wirken **Schallpegel**sprünge wie sie u. a. vom **Kraftfahrzeug**verkehr ausgehen können.

→ **Lärmfolgen**

Schwefeldioxid

Stechend riechendes Gas, das überwiegend beim Verbrennen schwefelhaltiger Energieträger (Kohle, Erd**öl**, **Dieselkraftstoff**) und in geringem Umfang bei industriellen Prozessen entsteht. S. wirkt insbesondere in Kombination mit **Staub** auf die Atemwege, reizt Haut und Schleimhäute, führt in höheren Konzentrationen zu Atembeschwerden und Brustschmerzen und in hohen Konzentrationen zum Tod durch Ersticken. Gefährdet sind insbesondere Asthmatiker. S. verursacht bei Pflanzen Absterben von Gewebepartien durch Abbau von Chlorophyll. Insbesondere können Obst- und Forstkulturen geschädigt werden. S. schädigt ebenfalls Gewässer und Materialien (Metalle, mineralische Baustoffe, Glasmalereien, Anstriche, Textilien, Papier, Leder). **Immissionswerte** sind in der **TA-Luft** geregelt: IW 1 = 0,140/IW 2 = 0,40 mg/m^3).

→ **Diesel-Motor, Kraftfahrzeug, Schwefelgehaltsverordnung, Smog**

Schwefelgehaltsverordnung

Die am 23. 1. 1975 in Kraft getretene „Verordnung über Schwefelgehalt von leichtem Heizöl und **Dieselkraftstoff**" — 3. BImSchV — (BGBL I S. 264) schreibt eine stufenweise Verminderung des in diesem Brennstoff enthaltenen Schwefels vor (seit 1. Januar 1979 auf 0,30 %). Aufgrund dieser Verordnung wird eine Verminderung der **Schwefeldioxid**belastung in Ballungsgebieten um 25—30 % erwartet.

→ **Bundes-Immissionsschutzgesetz**

Jahresdurchschnitt der Schwefeldioxid-Konzentrationen in der Bundesrepublik Deutschland
(Quelle: Umweltbundesamt)

S

Schwefelsäure

S. findet Verwendung u. a. als **Akkumulator**ensäure. S. wirkt stark ätzend und darf nicht in das Abwasser oder in den Boden gelangen.

→ **Nitrose-Gase, Schwefeldioxid**

Schwermetalle

Metalle mit größerem spez. Gewicht als Eisen (**Blei,** Cadmium, Chrom u. a.). Einige S. sind in geringen Mengen (Spurenelemente) lebensnotwendig (z. B. Kupfer, Zink, Mangan). Viele S. haben jedoch bei den Stoffwechselprozessen keine erkennbar lebensnotwendige Funktion, sondern wirken giftig auf Mensch, Tier und Pflanze (z. B. Blei). S. werden in vielfältiger Weise industriell genutzt und gelangen dabei oder über den Abfall bzw. in großen Mengen bei Verbrennungsprozessen (z. B. aus **Kraftfahrzeug**en) in die Umwelt. In der Luft sind S. im wesentlichen an **Staub** gebunden. S. können sich über die Nahrungskette in Organismen anreichern.

→ **Wassergefährdende Stoffe**

Shredder

Anlagen zur Verwertung von **Autowrack**s. Durch Zerreißen oder Zerschlagen der Altautos in handgroße Stücke und anschließender Sortierung werden hochwertiger Eisenschrott und NE-Metalle zurückgewonnen. S. verursachen im allgemeinen großen **Lärm** und bedürfen zum Schutz der Nachbarschaft eines wirksamen **Lärmschutz**es.

→ **Recycling**

Smog

Aus dem Englischen stammende Wortkombination aus „smoke“ (Rauch) und „fog“ (Nebel). S. bezeichnet starke Anreicherungen von Luftverunreinigungen in **Verdichtungsgebiet**en. S. kann entstehen, sofern die aus **Kraftfahrzeug**en und anderen Quellen stammenden Schadstoffe aufgrund austauscharmer (Inversions-)Wetterlagen nicht mehr in die höheren Luftschichten entweichen können. Die Konzentration der Schadstoffe kann schnell ein gesundheitsgefährdendes Ausmaß erreichen und zu Beeinträchtigungen der Atmung, zur Reizung der

Schleimhäute und zu Kreislaufstörungen führen. Hierdurch können insbesondere alte und kranke Menschen gefährdet werden. An den Folgen der „Londoner Smog-Katastrophe" (1952) sind innerhalb von zwei Wochen mehrere tausend Menschen, im Ruhrgebiet Ende 1962 innerhalb von drei Tagen 156 Menschen gestorben. Aufgrund des **Bundes-Immissionsschutzgesetz**es haben die Bundesländer für besonders gefährdete Gebiete Smog-Alarm-Pläne erarbeitet, die bei Smog-Gefahr bestimmte Gegenmaßnahmen (z. B.: Umstellung auf schwefelarmes Heizöl, Verkehrsbeschränkungen) vorsehen.

→ **Photochemischer Smog**

Solarmotor

Antriebsform, bei der die Sonnenstrahlung als Wärmequelle oder zur Stromerzeugung (z. B. mit Hilfe von Siliziumzellen) eingesetzt wird. Der Einsatz von S. in **Kraftfahrzeug**en scheitert z. Zt. noch an einer Vielzahl technischer Probleme.

Sonntagsfahrverbot

Gem. **Straßenverkehrsordnung** (§ 30) dürfen an Sonn- und Feiertagen in der Zeit von 0—22 Uhr **Lastkraftwagen** mit einem zulässigen Gesamtgewicht über 7,5 t sowie Anhänger hinter LKWs nicht verkehren (Ausnahme bildet u. a. der Berlin-Verkehr).

Soziale Kosten

Durch den **Kraftfahrzeug**verkehr entstehende Kosten, die nicht vom Verursacher (Autofahrer), sondern von der Allgemeinheit getragen werden müssen. Neben den vom Kraftfahrzeughalter aufgebrachten Kosten (u. a. Kraftfahrzeug-, Mineralöl-, Mehrwertsteuer) entstehen weitere beträchtliche Kosten. Hierzu gehören z. B. Kosten für **Verkehrsunfälle** (Ärzte, Krankenhäuser, Rehabilitationszentren usw.), die Kosten für Verkehrsvergehen und Verkehrskriminalität (Polizei, Gerichte, Strafvollzug), die Baukosten für Parkmöglichkeiten, spezielle Steuervergünstigungen für Autobenutzer (z. B. Kilometerpauschale) und die Kosten für die Errichtung von Aufenthaltsorten für nicht motorisierte Verkehrsteilnehmer (z. B. Spielplätze), da der Straßenraum von den Nichtautofahrern nicht mehr genutzt werden kann. Besonders hohe S. K. fallen aufgrund der Umweltbelastungen durch den Kraftfahrzeugverkehr an: Schadstoffe tragen zu Erkrankungen der Stadtbewohner bei, die Folge sind Behandlungs- und Invaliditätskosten. Einige Schadstoffe zerstören bestimmte Materialien wie z. B. Kunstwerke, Fassaden oder Brücken. Die **Lärm**belastung erhöht die Kosten des Straßen- und Städtebaus z. B. durch **Lärmschutzwände** und belastet Mieter und Eigentümer anliegender Wohnungen mit dem Einbau von **Lärmschutzfenstern**. Die Gesellschaft für rationale Verkehrspolitik in Düsseldorf bezifferte die spezifischen Abgaben des Straßenverkehrs im Jahre 1970 auf rund 13 Mrd. DM, während die Kosten für die Unterhaltung der Verkehrswege auf 21,5 Mio DM veranschlagt wurden. Die darüber hinaus von der Allgemeinheit zu zahlenden S. K. wurden auf rund 35 bis 40 Mrd. geschätzt. Der Kraftfahrzeugverkehr trug sich also nur zu einem Viertel selbst.

→ **Kraftfahrzeugkosten, Umweltschutzkosten, Verursacherprinzip**

Stadtflucht

Die hohen Umweltbelastungen in den **Verdichtungsgebiet**en bringen immer mehr Menschen dazu, ihren Wohnsitz in ländliche Bereiche zu verlegen und die Stadt nur noch zum Arbeiten, zur Aus- und Fortbildung oder zum Einkaufen aufzusuchen (**„Pendler“**). Durch den „Pendler-Verkehr“ entsteht doppelter Schaden: das Umland wird zersiedelt, das Verkehrsaufkommen nimmt weiter zu und erhöht die Umweltbelastungen.

Stand der Technik

In Gesetzen gebräuchliche Bezeichnung für den Entwicklungsstand fortschrittlicher Verfahren, Einrichtungen oder Betriebsweisen zur Begrenzung von Umweltbelastungen. Zum Beispiel schreibt die **Straßenverkehrs-Zulassungsordnung** vor, daß **Kraftfahrzeuge** so beschaffen sein müssen, daß die Geräuschentwicklung das nach dem jeweiligen S. unvermeidbare Maß nicht übersteigt. Die Entwicklung muß soweit fortgeschritten sein, daß die praktische Eignung der Maßnahme gesichert ist. In der Regel setzt diese eine erfolgreiche Erprobung im Betrieb voraus.

→ **Bundes-Immissionsschutzgesetz, Verursacherprinzip, Vorsorgeprinzip**

S

Standgeräusch

Von im Stillstand befindlichen **Kraftfahrzeug**en erzeugtes Geräusch. Hierzu gehört u. a. das Zuschlagen von Türen, der Betrieb von Autoradios und das Laufenlassen des Motors. Jeder unnötige Betrieb des Fahrzeugs im Leerlauf (z. B. um den Motor warmlaufen zu lassen) ist aus Gründen des Umweltschutzes zu vermeiden.

→ **Gaswechselgeräusch, Motorgeräusch, Reifengeräusch**

Staub

In der Luft verteilte feste Teilchen, die je nach Größe in Grobstäube und Feinstäube unterteilt werden. Gesundheitsschäden

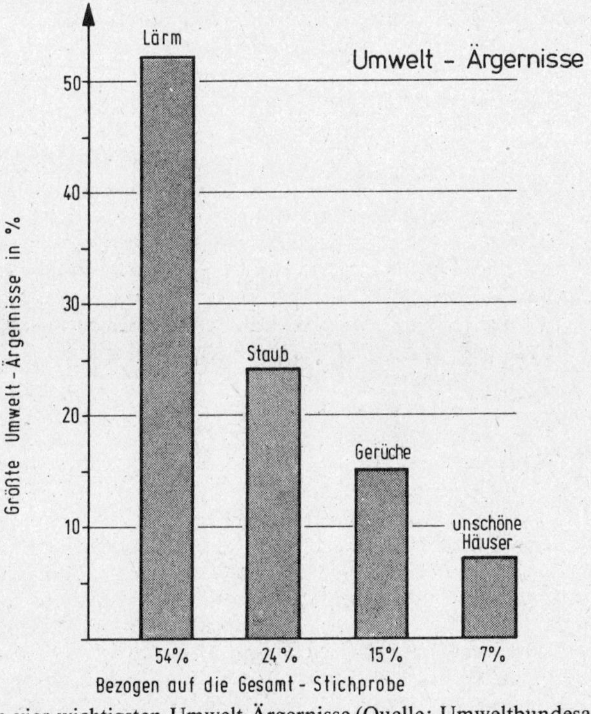

Die vier wichtigsten Umwelt-Ärgernisse (Quelle: Umweltbundesamt)

können in erster Linie von Feinstäuben (Teilchendurchmesser weniger als fünf Tausendstel Millimeter) ausgehen, die u. U. in den Lungenbläschen abgelagert werden und schädliche Auswirkungen haben können. Feinstäube können durch Adsorption an ihrer Oberfläche **Umweltgifte** wie z. B. chlorierte **Kohlenwasserstoffe** in den Organismus tragen. Zu den besonders umweltbelastenden Staubkomponenten gehören u. a. Cadmium, **Blei** und **Asbest.** Flugstaub ist Staub, der in industriellen Öfen oder Feuerungsanlagen durch die aufsteigende Luft mitgerissen wird. (**Immissionswerte** für Staubniederschlag: IW 1 = 0,35 g/m^2 d, IW 2 = 0,65 g/m^2 d — und Schwebstaub: IW 1 = 0,20 mg/m^3, IW 2 = 0,40 mg/m^3 — sind in der **TA-Luft** geregelt.)

→ **Schädigung von Materialien, Straßenbegleitgrün**

Stickoxide

Gasförmige Stickstoffverbindungen, die vor allem bei Verbrennungsprozessen mit hohen Temperaturen (z. B. in **Kraftfahrzeug-Abgasen**) entstehen. S. können Reizwirkungen auf die Atemorgane ausüben, besonders, wenn sie mit **Schwefeldioxid** auftreten. Dabei werden insbesondere Asthmatiker und Kleinkinder geschädigt. Materialschäden treten vor allem bei Textilien und Textilfarbstoffen auf. Eine Verringerung der S.-Menge im Kraftfahrzeugabgas kann durch **Abgasrückführung** oder durch **Katalysatoren** erreicht werden.
(**Immissionswerte** sind in der **TA-Luft** geregelt: Stickstoffdioxid IW 1 = 0,10/IW 2 = 0,30 mg/m^3, Stickstoffmonoxid IW 1 = 0,20/IW 2 = 0,60 mg/m^3.)

→ **Nitrose-Gase, Otto-Motor, Photochemischer Smog, Photooxidantien**

Stirling-Motor

Ein von R. Stirling im Jahre 1816 entwickelter Heißluftmotor. Beim S. M. sind Wasserstoff, Helium oder ein anderes Gas anstelle von Wasserdampf Arbeitsmedium in einem geschlossenen Kreislauf. Der S. M. erzeugt nur ein geringes **Motorgeräusch,** hat jedoch eine Reihe konstruktiver Nachteile (großdimensionierte Kühlanlagen) gegenüber dem **Otto-** oder **Dieselmotor,** so daß eine Serienfertigung noch nicht aufgenommen wurde.

Straßenbau
Im Jahre 1978 wurden 270 km Autobahnen und rund 260 km Bundesstraßen neu dem Verkehr übergeben. Für den Bau neuer Autobahnen wurden dabei 2,055 Mrd. DM, für den Neubau von Bundesstraßen 647 Mio DM aus Bundesmitteln aufgewendet. Insgesamt wurden im Jahre 1978 für den gesamten Straßenbau inklusive Unterhaltung, Instandsetzung, Erneuerung, Umbau und Ausbau, Neubau, Grunderwerb usw. 6,883 Mrd. DM ausgegeben.
Man kann heute davon ausgehen, daß es in der Bundesrepublik Deutschland **Verkehrswege** in ausreichendem Maße gibt. Künftig muß deshalb nicht dem Neubau, sondern vielmehr der Erhaltung und/oder qualitativen Verbesserung — insbesondere unter Umweltschutz-Gesichtspunkten — der Straßen besondere Aufmerksamkeit gewidmet werden.

Straßenbegleitgrün
An Straßenrändern verwendete Pflanzen wie Bäume, Sträucher, Rasen und anderes. S. trägt in vielfältiger Weise zum Wohlbefinden der Menschen bei. Pflanzen erzeugen Lebensfreude, wirken ermunternd, entspannend, anregend und helfen damit auch indirekt Krankheiten zu vermeiden. Sie produzieren Sauerstoff und verarbeiten **Kohlendioxid,** helfen den Verkehrs**lärm** verringern und den **Staub** reduzieren (ein ausgewachsener Laubbaum filtert pro Jahr ca. 100 kg Staub) und begünstigen durch Schattenbildung und Verdunstung das Klima und die Luftqualität. Bäume und Sträucher setzen Grenzen für den Blick, verdecken Unschönes und rahmen Bemerkenswertes, sie staffeln Plätze und Bauten, setzen Maßstäbe für Größen und können Merkpunkte in einer Stadt sein. S. sollte sowohl außerhalb als auch innerhalb geschlossener Ortschaften großzügig verwendet werden. Für S. werden bisher weniger als ein Prozent der Straßenbaukosten aufgewendet.
→ **Verkehrsplanung**

Straßenbelag → Reifengeräusch

Straßenplanung
Die S. erfolgt für die **Bundesfernstraßen** (Bundesautobahnen, Bundesstraßen) in mehreren Stufen: der Bundestag beschließt

S einen Bedarfsplan für die Bundesfernstraßen als Gesetz, dieser gibt für jeden Streckenabschnitt die Dringlichkeit des Straßenbaus an. Der Bundesverkehrsminister bestimmt die Linie der einzelnen Straßen (Linienbestimmung nach § 16 **Bundesfernstraßengesetz**). Die Feinplanung und die **Planfeststellung** (§ 17) übernimmt die Landesstraßenbauverwaltung im Auftrag des Bundes. Die Planung der Landesstraßen erfolgt durch die Landesstraßenbauverwaltung. Letzter Planungsschritt ist auch hier die Planfeststellung. Die Kreisstraßen werden in der Regel von der Landstraßenbauverwaltung mitgeplant. Die Gemeindestraßen werden von den Gemeinden geplant: Hauptverkehrsstraßen müssen im **Flächennutzungsplan** ausgewiesen werden, für alle Straßen muß ein Bebauungsplan mit den entsprechenden Einzelheiten bestehen. Für Ortsdurchfahrten von Bundes- oder Landesstraßen kann eine Planfeststellung nach dem Bundesfernstraßengesetz bzw. den Länderstraßengesetzen hinzukommen. Die Straßenplaner halten sich an fachliche Richtlinien, die größtenteils von der Forschungsgesellschaft für das Straßenwesen (Köln) erarbeitet und vom Bundesverkehrsminister zur Anwendung empfohlen wurden. So gibt es Richtlinien zur Anlage von Stadtstraßen (RAST) und von Landstraßen (RAL), die zukünftig als Richtlinien zur Anlage von Straßen (RAS) zusammengefaßt werden. Spezielle Richtlinien betreffen die Linienführung (z. B. RAL-L), die Querschnitte der Straßen (RAST-Q), die Knotenpunkte (Kreuzungen, RAST-Q) usw.

→ **Bürgerbeteiligung, Flächenverbrauch, Generalverkehrsplan, Mobilität, Planung, Raumordnungsverfahren, Straßenbegleitgrün, Umweltverträglichkeitsprüfung, Verkehrsplanung**

Straßenverkehrsgesetz

Das S. in der Fassung der Bekanntmachung vom 14. 12. 1952 (BGBL I S. 837), zuletzt geändert durch Gesetz vom 3. 8. 1978 (BGBL S. 1177) bildet u. a. die Grundlage für Vorschriften zum Schutz der Wohnbevölkerung von Erholungssuchenden gegen Lärm und Abgase des **Kraftfahrzeug**verkehrs, für Beschränkungen des Kraftfahrzeugverkehrs an Sonn- und Feiertagen, für die Beschaffenheit, Ausrüstung und **Prüfung von Fahrzeugen** zur Vermeidung schädlicher Umwelteinwirkungen im Sinne des **Bundes-Immissionsschutzgesetzes.**

→ **Straßenverkehrsordnung, Straßenverkehrs-Zulassungsordnung**

Straßenverkehrslärm

Nach Umfragen fühlen sich in der Bundesrepublik Deutschland etwa 25—30 % aller Bürger — zumindest zeitweise — vom S. belästigt. Nach einer Abschätzung der „Kommission der Europäischen Gemeinschaften (Health and Safety Directorate —1976) sind etwa 45 Millionen Menschen tagsüber Lärmwerten (**Mitteilungspegeln**) von 55 **Dezibeln** (dB[A]), zehn Millionen Menschen Werten von über 65 dB(A) ausgesetzt. In besonders belasteten Gebieten treten sogar Werte von über 80 dB(A) auf. (Bei einem Abstand von 25 Metern von der Straßenmitte entsprechen im innerstädtischen Bereich 60 dB(A) ca. 250 Personenkraftwagen pro Stunde, 66 dB(A) ca. 1000 PKWs pro Stunde. Diese Werte erhöhen sich je nach **Lastkraftwagen**anteil um bis zu 6 dB[A].) An der Spitze der Belästigungsskala stehen schwere LKWs und Busse, gefolgt von **Zweirädern** (Kleinkraftrad, Kraftrad, Mopeds usw.), leichten LKWs und PKWs. Besonders störend beim S. sind die vielen Brems- und Anfahrvorgänge und die häufigen Verweil- und Stauzeiten bei laufendem Motor. Die seitliche Bebauung der Straßen kann durch Lärmreflektionen die Belastung erhöhen. Ein nicht unbeträchtlicher Teil des **Lärms** ist aber auch auf das Fahrverhalten zurückzuführen. Ein besonders rücksichtsloser Fahrer kann dreimal soviel Lärm machen wie ein umweltbewußter Fahrer. Auch die mangelhafte Wartung des **Ansaug-** und **Auspuff**systems kann die Lärmemission bis zu 10 dB(A) erhöhen.

→ **Belastungsanteile, Kraftfahrzeugabgase**

Straßenverkehrsordnung (StVO)

Die StVO vom 16. 11. 1970 (BGBL I S. 1565, 1971, S. 38) enthält u. a. ein Fahrverbot für LKWs an Sonn- und Feiertagen, die Ermächtigung der Straßenverkehrsbehörden zum Schutz der Nachtruhe in Wohngebieten, die Benutzung bestimmter Straßen- und Straßenstrecken zu beschränken oder zu verbieten bzw. den Verkehr umzuleiten sowie Verbote über die Erzeugung unnötigen **Lärms** durch z. B. unnötiges Laufenlassen des Motors, lautes Türenschlagen und unnützes Hin- und Herfahren in geschlossenen Ortschaften.

→ **Straßenverkehrsgesetz**

S

Straßenverkehrs-Zulassungsordnung (StVZO)

Die StVZO in der Fassung der Bekanntmachung vom 15. 11. 1974 (BGBL I S. 3193; 1975, S. 848) zuletzt geändert durch Verordnung vom 22. 12. 1978 (BGBL I S. 2090) enthält u. a. Vorschriften über die höchstzulässigen **Lärmgrenzwerte** bei **Kraftfahrzeugen** sowie Vorschriften über die Begrenzung von **Kohlenmonoxid-,** Stickoxid- und **Kohlenwasserstoff-Emissionen** für neu in den Verkehr kommende Fahrzeuge mit **Otto-Motoren**, über die Begrenzung von luftverunreinigenden Stoffen bei Kraftfahrzeugen mit **Dieselmotoren** und über die Begrenzung von Kohlenmonoxid-Emissionen im Leerlauf bei im Verkehr befindlichen Kraftfahrzeugen mit Otto-Motoren.

→ **Prüfung von Kraftfahrzeugen, Technischer Überwachungsverein**

Streusalz

Steinsalz (Natriumchlorid) mit bis zu 10 % Verunreinigungen durch andere Salze. In der Umgebung von **Verkehrswegen** entstehen durch Spritzwasser und Straßenabwässer Pflanzenschäden durch Erhöhung des Salzgehaltes (u. a. verzögerter Blattaustrieb, Blattnekrosen, vorzeitiger Laubfall, Absterben von Partien oder ganzen Pflanzen). Die einzelnen Pflanzenarten reagieren unterschiedlich auf Streusalz, besonders empfindlich sind Buchen, Schlehen, Fichten, Haselnußbäume und Eiben, schwach empfindlich sind Silberweiden und Graupappeln. Ebenfalls geschädigt werden Tiere wie Hunde, Katzen u. a. S. verursacht auch Schäden durch **Korrosion** an Fahrbahndecken, Brücken, **Kraftfahrzeugen** u. a. Die Anwendung von S. auf Straßen, Gehwegen und Grundstücken ist durch regionale Verbotsregelungen beschränkt. Aus Umweltschutzgründen ist ein genereller Verzicht auf die Anwendung von S. in Wohn- und Nebenstraßen zu fordern. Durch das Langsamfahren auf festgefahrener Schneedecke kann auch die Zahl der Verkehrsunfälle mit Toten und Verletzten gesenkt werden.

TA-Lärm

In der „Technischen Anleitung zum Schutz gegen Lärm“ v. 26. 7. 1968 werden zum Schutz der Nachbarschaft und der Allgemeinheit **Immissionswerte** festgelegt, die nicht überschritten

werden dürfen. Diese Werte berücksichtigen die unterschiedliche Schutzbedürftigkeit von Gebieten sowie der Tag- und Nachtzeit. Die Vorschrift ist von den zuständigen Behörden bei der Neugenehmigung von genehmigungsbedürftigen Anlagen sowie bei nachträglichen Anordnungen zu beachten. Die T. gilt nicht für den Straßenverkehr.
→ **TA-Luft, Verkehrslärm-Schutzgesetz**

Technischer Überwachungs-Verein (TÜV)
Eine von Gewerbeunternehmen geschaffene Einrichtung zur Prüfung technischer Anlagen auf deren Betriebssicherheit (z. B. Prüfung von Chemieanlagen, Dampfkesseln, Aufzügen, Kränen). Die TÜV's unterhalten auf der Grundlage des § 29 der **Straßenverkehrs-Zulassungsordnung** auch technische Prüfstellen für den Kraftfahrzeugverkehr. Dachverband der TÜV's ist die „Vereinigung technischer Überwachungsvereine" in Essen. Neben den TÜV's gibt es weitere Prüfstellen (z. B. DEKRA), die zur Überprüfung von Kraftfahrzeugen berechtigt sind.
→ **Abgasprüfverfahren, Kraftfahrzeugmängel, Prüfung von Kraftfahrzeugen**

Tempo-Limit → Geschwindigkeitsbegrenzungen

Thermoreaktor
Anlage zur Reduzierung von **Kohlenmonoxid** und **Kohlenwasserstoffen**. Die **Schadgase** werden im T. bei hohen Temperaturen und Luftüberschuß nachverbrannt. Nachteil des T. ist, daß er seine Hauptwirksamkeit erst bei Temperaturen über 650 °C entfaltet. Diese werden jedoch im Stadtbetrieb häufig nicht erreicht. T. werden z. Zt. nur in **Kraftfahrzeugen** außerhalb der Bundesrepublik Deutschland (z. B. USA) verwendet.
→ **Abgasreinigung**

Toluol
T. findet u. a. Verwendung als Lösemittel und ist ein **Benzin**bestandteil. T. kann in höheren Konzentrationen u. a. Schleimhautreizungen, Störungen des Nervensystems sowie Schädigungen an Leber, Niere und Gehirnzellen verursachen.

T

TÜV → Technischer Überwachungs-Verein

Tuning → Manipulation

Turbolader
Kraftfahrzeuge werden in zunehmendem Maße mit T. ausgerüstet. Durch den T. wird die Luft vom Motor nicht angesaugt, sondern in diesen in verdichtetem Zustand hineingedrückt. Durch den T. läßt sich bei **Diesel-Motor**en der **Kraftstoff**verbrauch sowie das **Lärm**- und **Abgas**verhalten erheblich verbessern.

U

Umleitung
Zur Beeinflussung des Verkehrsablaufs in städtischen Gebieten können mit Hilfe von U. Fahrtwege zu bestimmten Zeiten im Interesse einer **Verkehrsberuhigung** verlegt werden. Während in Spitzenzeiten oft mehrere Fahrtwege benötigt werden, reichen für das geringere Verkehrsaufkommen in den Nachtstunden oft wenige Fahrtwege aus. Durch U. der Fahrtwege durch weniger **lärm-** und **abgas**empfindliche Gebiete lassen sich so Verbesserungen erzielen. Dieses gilt insbesondere für Strecken mit hohem Durchgangsverkehr/oder hohem LKW-Anteil.
→ **Verkehrslenkung**

Umweltbelastungen → Belastungsanteile

Umweltbundesamt
Im Jahre 1974 gegründete, selbständige Bundesoberbehörde im Geschäftsbereich des Bundesministers des Innern mit Sitz in Berlin. Das Amt berät die Bundesregierung, insbesondere den Bundesminister des Innern als für den Umweltschutz federführenden Minister, in Fragen der Luftreinhaltung, **Lärm**bekämpfung, Abfall- und Wasserwirtschaft. Daneben werden umweltbedeutsame Daten für Planungen und Maßnahmen der Umweltpolitik des Bundes gesammelt, gespeichert und für den unmittelbaren Zugriff verfügbar gemacht. Zu den Aufgabenschwerpunkten des Amtes gehört die Erarbeitung von Planungshilfen, z. B. für Autobahntrassen- und Standortplanungen

unter dem Gesichtspunkt der Umweltverträglichkeit; Aufklärung der Öffentlichkeit in Umweltfragen; Führung des Informations- und Dokumentationssystems Umwelt (UMPLIS); Beurteilung von Umweltchemikalien; Messungen zur Untersuchung des großräumigen, grenzüberschreitenden Transports von Luftverunreinigungen; Ermittlung von Grenzwerten für luftverunreinigende Stoffe; Bearbeitung von Fragen des Problemkreises „Umwelt und Energie"; Bearbeitung von Aufgaben, die sich aus dem Fluglärmgesetz ergeben; Erarbeitung von Vorschlägen zur Lärm- und Schadstoffminderung bei **Kraftfahrzeugen** und Feststellung von Lärm und dessen Wirkungen; Entwicklung neuer Verfahren der Abfallbehandlung; Erarbeitung von wissenschaftlichen Grundlagen für Möglichkeiten zur Abfallminderung und -vermeidung; Erfassung von Waschmittelrezepturen aufgrund des Waschmittelgesetzes. Die Arbeitsergebnisse des U. werden in den Publikationsreihen „UMPLIS", „Materialien" und „Berichte" veröffentlicht.

Umweltchemikalien

Stoffe, die durch menschliches Zutun in die Umwelt gebracht werden und in Mengen oder Konzentrationen auftreten können, die geeignet sind, Lebewesen, insbesondere den Menschen, zu gefährden. Hierzu gehören chemische Elemente oder Verbindungen organischer oder anorganischer Natur, synthetischen oder natürlichen Ursprungs. Das menschliche Zutun kann unmittelbar oder mittelbar erfolgen, es kann beabsichtigt oder unbeabsichtigt sein. Der Begriff Lebewesen umfaßt in diesem Zusammenhang den Menschen und seine belebte Umwelt, einschließlich Tieren, Pflanzen und Mikroorganismen.

Umweltgifte

(Umweltschadstoffe) In der Umwelt vorkommende Stoffe, von denen schädliche Wirkungen auf Lebewesen und Sachgüter ausgehen können und denen der einzelne Mensch unfreiwillig ausgesetzt ist. U. können vom Menschen mit der Atmung, über die Haut oder mit Nahrungs- und Genußmitteln (Nahrungskette) aufgenommen werden. Wichtige U. sind **Schwermetalle** (z. B.: **Blei**), anorganische Gase (z. B. **Schwefeldioxid, Kohlenmonoxid, Stickoxide, Ozon**), N-Nitrosoverbindungen und bestimmte **Koh-**

U

lenwasserstoffe (z. B.: Vinylchlorid). Wichtige Quellen für U. sind industrielle Produktionsstätten, **Kraftfahrzeuge** und Haushaltsheizungen, die U. in gasförmiger, fester oder gelöster Form freisetzen. U. können unmittelbare (akute) oder langfristige Schäden (z. B. **Krebs**) hervorrufen. U. können allein oder mit anderen Stoffen schädigen, ungiftige Stoffe können sich untereinander zu giftigen Stoffen verbinden. Die Umwandlung von ungiftigen zu giftigen Stoffen (und umgekehrt) kann sich sowohl in der Umwelt (Wasser, Boden, Luft) als auch im Körper von Lebewesen vollziehen. Besonders gefährliche U. zeichnen sich durch gute Aufnahmefähigkeiten im menschlichen Körper, lange Abbauzeiten und große Stabilität aus; hierdurch können sie lange in den natürlichen Kreisläufen verweilen und ihre Schadwirkungen entfalten.

→ **Schädigung von Materialien, Schädigung von Pflanzen, Schädigung von Tieren**

Umweltschutzkosten (Abgase)

Im Auftrag des **Umweltbundesamt**es hat die F. Porsche AG, Stuttgart, eine Studie erstellt über die wirtschaftlichen Konsequenzen strenger **Abgasgrenzwerte.** Diese berücksichtigt Mehrkosten für die Herstellung und zusätzliche Betriebskosten, vor allem Wartungskosten des Motors und die **Kraftstoff**kosten. Auch die Kosten, die bis zur Serienherstellung und für den erhöhten Kapitaldienst anfallen, wurden mit einbezogen. Die Studie kommt zu dem Ergebnis, daß der weiterentwickelte Hubkolbenmotor klare Vorteile gegenüber nichtkonventionellen Antriebssystemen **(Gasmotor, Stirling-Motor, Elektromotor)** hat. Die Studie nennt als Antriebssysteme der 80er Jahre den konventionellen **Otto-Motor** mit motorinternen Maßnahmen zur Verbrauchs- und Abgassenkung, den **Diesel-Motor,** den Otto-Motor mit Abgasreinigung, den **Schichtlademotor** und den **Magermotor.** Auf der Kostenbasis des Jahres 1975 errechnet die Studie Mehrkosten für die neuen Motorkonzepte von durchschnittlich 350 DM. Neuere Untersuchungen errechnen Mehrkosten für einen Magermotor mit **Thermoreaktor** und **Einspritzung** in Höhe von 700 DM pro Fahrzeug. Den erhöhten Kosten stehen jedoch Kraftstoffeinsparungen von etwa 5 % gegenüber. Berücksichtigt man außerdem die Verringerung der **sozialen**

Kosten (weniger Schadstoffe verursachen weniger Erkrankungen, Korrosionen usw.), so dürfte der erreichte Nutzen wesentlich über den aufzuwendenden U. liegen.

→ **Kraftfahrzeugkosten**

Umweltschutzkosten (Lärm)

Summe aller Kosten, die durch die Verhinderung und/oder Beseitigung von Lärm und dessen Folgen entstehen. Die im Entwurf des **Verkehrslärmschutzgesetzes** vorgesehenen **Lärmgrenzwerte** (Tag/Nacht) verursachen jährlich Kosten in einer Höhe von ca. 983 Mio DM. Diese Lärmschutzkosten machen weniger als zehn Prozent der Gesamtkosten des Straßenbaus aus, die in den öffentlichen Haushalten Jahr für Jahr enthalten sind. Der Lärmschutz an neuen Straßen erfordert keine zusätzlichen Haushaltsmittel, sofern das Straßenbauprogramm entsprechend den entstehenden Mehrkosten zeitlich gestreckt wird. Bei **Bundesfernstraßen,** bei denen die durchschnittliche jährliche Bauleistung der Jahre 1971 bis 1975 ca. 620 km betrug, würden nach dieser Schätzung jährlich nur 31 km Straßenlänge erst später gebaut werden können. Es ist jedoch nicht das Ziel der Umweltpolitik, die Bürger in **Lärmschutzwänden, -wällen** und ähnlichem „einzumauern". Vielmehr muß der Lärm bereits an der Quelle wirksam bekämpft werden, das gilt insbesondere für den **Straßenverkehrslärm.** Dazu hat eine vom Verein Deutscher Ingenieure im Auftrag der EG-Kommission und des Bundesministers für Verkehr durchgeführten Forschungsstudie ergeben, daß bei den derzeit produzierten und im Gebrauch befindlichen Fahrzeugen der **Schallpegel** im Mittel um 4 dB(A) gesenkt werden kann, wenn für lärmmindernde Maßnahmen etwa 500 DM je Fahrzeug aufgewandt werden. Einen weiteren — oft nicht beachteten Kostenfaktor — stellen die von der Allgemeinheit zu tragenden **sozialen Kosten** dar, die durch Lärm in Form von Belästigung oder Schädigung von Personen und von Sachen hervorgerufen werden. Eine genaue Ermittlung dieser sozialen Zusatzkosten ist jedoch z. Z. wegen fehlender Zurechnungs- und Bewertungsmaßstäbe kaum möglich.

Umweltverbände

Zusammenschlüsse an Umweltfragen interessierter Bürger mit dem Ziel, an der Planung umweltbedeutsamer Maßnahmen öffentlicher und privater Institutionen mitzuwirken oder diese zu verhindern. In der Bundesrepublik Deutschland sind z. Z. ca. 4 Mio Bürger in U. organisiert. Das **Umweltbundesamt** gibt ein Verzeichnis der regionalen und überregionalen Umweltverbände („Bürger im Umweltschutz") heraus, das auf Anforderung kostenlos verschickt wird.

→ **Bürgerbeteiligung**

Umweltverträglichkeitsprüfung (UVP)

Prüfung durch staatliche Institutionen, ob von öffentlichen Maßnahmen (z. B. **Verkehrsplanung,** Vorbereitung von Gesetzen) und privaten Maßnahmen (Bau von Produktionsanlagen, Verkauf neuer Produkte u. a.) schädliche Umwelteinwirkungen zu erwarten sind. Die U. bezweckt, bei öffentlichen Maßnahmen Menschen, Tiere, Pflanzen und schutzwürdige Sachgüter vor schädlichen Umwelteinwirkungen zu schützen. Die Bundesregierung hat 1975 für ihren Zuständigkeitsbereich „Grundsätze für die Prüfung der Umweltverträglichkeit öffentlicher Maßnahmen" beschlossen, die von jedem Bundesministerium angewendet werden sollen. Dieses bedeutet z. B., daß sowohl alle Planungen im Rahmen des Bedarfsplans für die **Bundesfernstraßen,** als auch im Anschluß daran jede konkrete Linienbestimmung und Bauausführung unter dem Gesichtspunkt der Umweltverträglichkeit geprüft werden. Art und Ausmaß der Umsetzung dieser Grundsätze unterscheiden sich derzeit noch von Ressort zu Ressort. Eine systematische Erfassung aller durchgeführten U. besteht noch nicht. In Anlehnung an die Grundsätze des Bundes haben die Länder Berlin und Saarland eigene Regelungen zur U. eingeführt. In weiteren Ländern sind Bemühungen in dieser Richtung im Gange. Methodisch gibt es dafür eine Vielzahl von Ansätzen. Für den Bereich der **Straßenplanung** bestehen generell aber noch keine einheitlichen Prüfkriterien. Verschiedene Forschungsarbeiten, die vom Bundesminister für Verkehr und im Auftrage des Bundesministers des Innern vom **Umweltbundesamt** wahrgenommen werden, versuchen die noch offenen Fragen zu klären.
Die Europäischen Gemeinschaften bereiten derzeit eine **EG-Richtlinie** für U. vor.

Umweltzeichen

Kaufempfehlung für umweltbewußte Verbraucher. Das U. kennzeichnet Produkte, die sich aufgrund bestimmter Eigenschaften im Vergleich mit anderen als weniger umweltbelastend herausgestellt haben. Das U. wird von einer unabhängigen, am 5. Juni 1978 ins Leben gerufenen „Jury Umweltzeichen" an ausgewählte Produkte oder Verfahren verliehen. Die Vergabe des U. an bestimmte Hersteller, Vertreiber u. a. wird vom Ausschuß für Lieferbedingungen und Gütesicherung (RAL) vorgenommen. Z. Z. können Zeichennutzungsanträge für folgende Produkte und Verfahrensweisen beim RAL gestellt werden: runderneuerte Reifen, umweltfreundliche Omnibusse, Mehrwegflaschen, Altglas-Sammelaktionen, Spraydosen zur Körperpflege ohne umweltschädliche Treibgase, Toiletten- und Handtuchpapier aus Altpapier, **lärm**arme Motorrasenmäher. In der Diskussion um ein U. sind u. a. langlebige **Auspuffanlagen.**

Unfallentwicklung

Eines der schwerwiegendsten Probleme, das die Motorisierung uns brachte, ist das Unfallgeschehen und seine Folgen. Im Jahre 1970 sind 19 193, im Jahre 1971 18 753 und im Jahre 1972 18 811 Menschen im Straßenverkehr ums Leben gekommen. In den folgenden Jahren hat sich diese Zahl auf rund 14 000 pro Jahr vermindert. (In den Jahren von 1950 bis 1978 starben rund 423 000 Menschen an den Folgen eines Verkehrsunfalls.) Zwar haben Unfallursachenforschung und die daraus resultierenden Maßnahmen den Straßenverkehr sicherer gemacht, und die Unfallhäufigkeit ist im Verhältnis zur Zahl der Kraftfahrzeuge und den Fahrleistungen ständig zurückgegangen. Die gleichzeitig starke Verkehrszunahme hat diese Entwicklung aber zum Teil überdeckt. Die volkswirtschaftlichen Schäden, die alljährlich durch die Straßenverkehrsunfälle entstehen, haben inzwischen die Größenordnung von 20 Milliarden DM erreicht. Gegenüber den Verhältnissen im Straßenverkehr ist die Unfallgefahr bei den anderen Verkehrszweigen gering, entsprechend den Verkehrsleistungen fordert der Eisenbahnverkehr nur einen Bruchteil der Todesopfer im Vergleich zum Straßenverkehr. Für die Verkehrsluftfahrt ist das Verhältnis noch günstiger, denn die

U

meisten in der Luftfahrt vorkommenden Unfälle ereignen sich im Sportbetrieb.
→ **Soziale Kosten, Verkehrsunfälle**

Untertunnelung

Die U. stellt einen guten Schutz vor **Straßenverkehrslärm** dar, jedoch können an den Ein- und Ausgängen von Tunneln hohe Luft- und **Lärm**belastungen auftreten. Die Erstellungskosten von U. betragen im Mittel ca. 25 Millionen DM pro Kilometer, die Betriebskosten (Belüftung, Beleuchtung, Reinigung, Notruf- und Feuerschutzeinrichtungen, Überwachungspersonal) ca. 600 000 DM pro Jahr und Kilometer.
→ **Lärmschutzbauten**

UN-Wirtschaftskommission (ECE)

(United Nations Economic Commission for Europe) Im Jahre 1947 auf Veranlassung der Vereinten Nationen in Genf gegründete Organisation, die den Austausch von Erkenntnissen und Erfahrungen auf dem Gebiet der Wirtschaft innerhalb der Länder Europas (West- und Osteuropa) sowie den USA und Kanada fördern soll. Im Bereich des **Kraftfahrzeug**verkehrs von der ECE erarbeitete Regeln (z. B. **Abgasgrenzwerte**) können von den Mitgliedsstaaten angewandt werden. Ein Teil dieser ECE-Regelungen wurde von der Europäischen Gemeinschaft als **„EG-Richtlinien“** übernommen.
→ **EG-Richtlinie**

V

Verbrennungsabgase → Kraftfahrzeug-Abgase

Verdampfungsverluste

Beim Befüllen oder bei Erwärmung von **Kraftstoff**-Tanks in die Umwelt austretende gasförmige Kraftstoffdämpfe (u. a. **Benzin, Benzol**). Da es in der Bundesrepublik Deutschland z. Z. noch keine Vorschriften zur Begrenzung von V. gibt, werden Vorrichtungen, die V. verhindern, nur in Exportfahrzeuge (für USA, Japan u. a.) eingebaut.
 → **Belastungsanteile, Betankungsverluste**

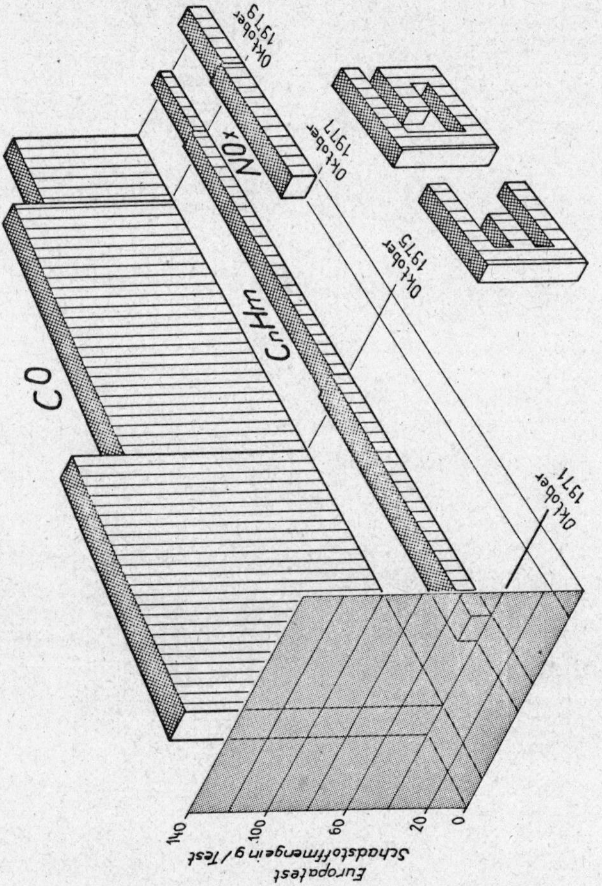

Entwicklung der Typprüfungs-Grenzwerte für Kfz-Abgase in der ECE
(Quelle: Umweltbundesamt)

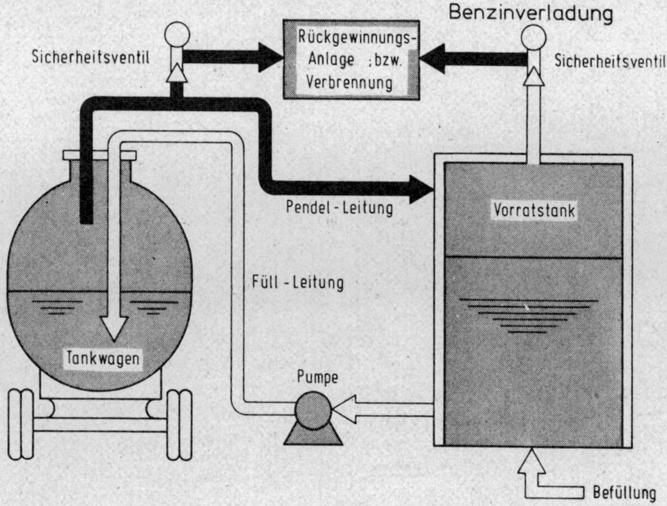

Abgasarme Verladung von Kraftstoffen
(Quelle: Umweltbundesamt)

Verdichtungsraum

(Ballungsgebiet) Von der Ministerkonferenz für Raumordnung im Jahre 1968 festgelegte Gebiete mit besonders hoher Einwohner- und Arbeitsplatzdichte. In der Bundesrepublik Deutschland gibt es zur Zeit 24 V. (z. B. Berlin, Hamburg, Köln, Ruhrgebiet), in denen auf ca. 7 % der Gesamtfläche des Bundesgebiets 45,5 % der Bevölkerung leben und 55,4 % der Bevölkerung arbeiten. Im V. kommt es zu besonderen Umweltbelastungen u. a. auch durch den dichten Straßenverkehr.

→ **Belastungsgebiete**

Verkehrsaufkommen

Summe der im Personenverkehr beförderten Personen und im Güterverkehr beförderten Güter (errechnet in Tonnen). In der Bundesrepublik Deutschland ist das Personen-V. in den vergan-

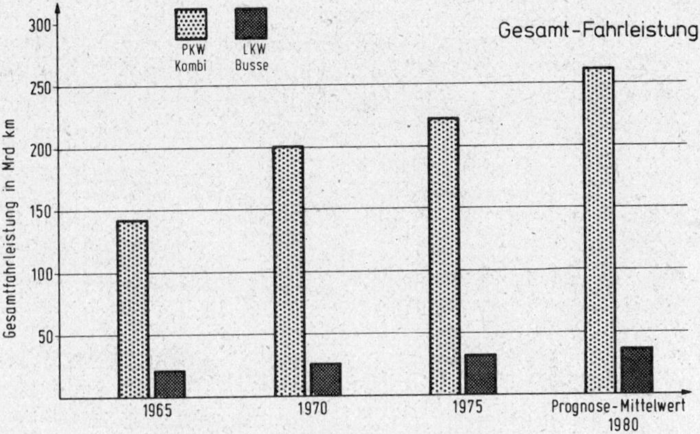

Fahrleistungen von Personen- und Lastkraftwagen in der Bundesrepublik Deutschland pro Jahr
(Quelle: Umweltbundesamt)

genen Jahren stetig gestiegen und hat im Jahr 1978 rund 35 Mrd. beförderte Personen betragen. Von der Gesamtsumme entfielen rund 27,6 Mrd. auf den motorisierten **Individualverkehr,** 7,5 Mrd. auf den **öffentlichen Personennah-** und **fernverkehr** und 0,3 Mrd. auf den Taxi- und Mietwagenverkehr. Das V. im Güterverkehr betrug 1978 rund 3 Mrd. Tonnen. Davon entfielen auf die Eisenbahn 324 Mio Tonnen, auf die Binnenschifffahrt 248 Mio Tonnen, auf den Straßengüterfernverkehr 285,5 Mio Tonnen, auf den Straßengüternahverkehr 2020 Mio Tonnen, auf Rohrfernleitungen 84,1 Mio Tonnen sowie auf den Luftverkehr 0,7 Mio Tonnen. Die Binnenschiffahrt beförderte 248,7 Mio Tonnen Güter. Der größte Teil des V. in der Bundesrepublik Deutschland wurde bisher über den **Kraftfahrzeug**verkehr abgewickelt. Um zu spürbaren Umweltentlastungen zu kommen, werden in Zukunft größere Anteile auf umweltschonendere Verkehrsarten (Eisenbahn, Binnenschiffahrt) verlagert werden müssen.

→ **Verkehrsplanung**

V

Verkehrsberuhigung

Städtebauliches und verkehrsplanerisches Konzept mit dem Ziel, Wohnbereiche zu schaffen, die von Fußgängern, Kindern, Radfahrern und Autofahrern gleichermaßen genutzt werden können. Im Gegensatz zu reinen **Fußgängerzonen,** in denen der **Kraftfahrzeug**verkehr nahezu vollständig ausgeschlossen ist, und im Gegensatz zu normalen Stadtstraßen, die sich durch große **Lärm**belastung, hohes Unfallrisiko, einseitige Bevorteilung der Kraftfahrzeugfahrer u. a. auszeichnen, zielen die Maßnahmen der V. auf mehr Sicherheit und Lebensqualität für alle ab. In der Vergangenheit wurden zunächst „verkehrsberuhigte Zonen" diskutiert, hierbei sollten Wohnstraßen durch die Schaffung gestalterischer Barrieren und Geschwindigkeitsbegrenzungen vom Durchgangsverkehr befreit und die Straßenflächen den spielenden Kindern, **Fahrradfahrer**n, **Fußgänger**n zurückgegeben werden. Der Autoverkehr sollte in einem Netz von Hauptverkehrsstraßen gebündelt werden. Inzwischen ist man zu der Erkenntnis gelangt, daß mit diesem Konzept der Autoverkehr nur von einem Gebiet in ein anderes verlagert wird. Deshalb strebt man heute eine „flächendeckende Verkehrsberuhigung" an. Diese soll Wohngebiete vom anliegerfremden Verkehr befreien, durch die Schaffung ausgedehnter Radwegenetze und guter öffentlicher Verkehrsverbindungen sowie durch Beschränkungen für den Kraftfahrzeugverkehr die Wohnqualität in dem gesamten Bereich erhöhen. In Nordrhein-Westfalen ist bereits ein erster breit angelegter Modellversuch zum Test einzelner V.-Maßnahmen erfolgreich durchgeführt worden.

→ **Planung, Verkehrsplanung**

Verkehrslärm → Straßenverkehrslärm

Verkehrslärm-Schutzgesetz

Die Bundesregierung hat dem gestiegenen Bedürfnis des Bürgers nach Regelungen zum Schutz vor Verkehrs**lärm** durch die Vorlage des Entwurfs eines „Gesetzes zum Schutz vor Verkehrslärm von Straßen und Schienenwegen — Verkehrslärmschutzgesetz — (VLärmSchG)" Rechnung getragen. Der Gesetzesbeschluß des Deutschen Bundestages vom 6. 3. 1980 enthält u. a.

Vorher **Nachher**

Beispiel einer Verkehrsberuhigung

V

Immissionsgrenzwerte für **Lärmsanierung** und **Lärmvorsorge,** bei deren Überschreiten die Eigentümer von baulichen Anlagen an Straßen gegenüber dem Träger der Straßenbaulast (Bund, Land, Gemeinden) Ansprüche auf **Lärmschutz**maßnahmen geltend machen können (z. B. Bau von **Lärmschutzwänden,** Erstattung von Aufwendungen für **Lärmschutzfenster**). Für den Bau oder die wesentliche Änderung von Straßen sind folgende **Immissionsgrenzwerte (Mittelungspegel)** für Lärmvorsorge vorgesehen:

— an Krankenhäusern, Schulen, Kurheimen und Altenheimen tags 60 **Dezibel** (A), nachts 50 Dezibel (A),
— in reinen und allgemeinen Wohngebieten und Kleinsiedlungsgebieten tags 62 Dezibel (A), nachts 52 Dezibel (A),
— in Kerngebieten, Dorfgebieten und Mischgebieten tags 67 Dezibel (A), nachts 57 Dezibel (A) und
— in Gewerbegebieten und Industriegebieten tags 72 Dezibel (A), nachts 62 Dezibel (A).

Für Lärmsanierung an bestehenden Straßen betragen die Immissionsgrenzwerte

— in reinen und allgemeinen Wohngebieten, Kleinsiedlungsgebieten sowie an Krankenhäusern, Schulen, Kurheimen und Altenheimen tags 70 Dezibel (A), nachts 60 Dezibel (A) und
— in Kerngebieten, Dorfgebieten, Mischgebieten, Gewerbegebieten und Industriegebieten tags 75 Dezibel (A), nachts 65 Dezibel (A). (Für neu zu bauende Schienenwege liegen alle Werte um 5 dB (A) höher — Schienenbonus.)

Der Eigentümer einer baulichen Anlage hat einen Anspruch auf Erstattung von 75 % der für Lärmsanierung von Wohnräumen notwendigen Aufwendungen. Die öffentlichen Kosten für Lärmvorsorge und Lärmsanierung an Straßen werden jährlich voraussichtlich 983 Millionen DM betragen, die zu 68 % vom Bund, zu 7 % von den Ländern und zu 25 % von den Gemeinden getragen werden. Der Gesetzentwurf bedarf noch der Zustimmung des Bundesrates.

→ **Soziale Kosten, Umweltschutzkosten**

Verkehrsleistung → Verkehrsaufkommen

Verkehrslenkung

Beeinflussung des Verkehrsgeschehens durch lenkende bauliche Maßnahmen und Ausschilderungen. Hierzu gehört u. a. die Einrichtung von Wohnstraßen, **Fußgängerzonen,** Einbahnstraßen, **verkehrsberuhig**ten Bereichen, Busspuren, Radwegen, Verkehrs- und **Geschwindigkeitsbegrenzungen** und v. a. m. V.-Maßnahmen müssen die technische (z. B. Verkehrskapazität, Verkehrssicherheit) und in bezug auf die Umweltsituation (z. B. Lärmgrenzwerte, Abgasgrenzwerte) zulässige Belastbarkeit von Verkehrswegen und -gebieten berücksichtigen.

→ **Park + Ride, Umleitung, Verkehrsplanung**

Verkehrsmittelwahl

(modal split) Wahl des Bürgers zwischen öffentlichen und privaten Verkehrsmitteln. Das Prinzip der „Freiheit der V." steht in **Verdichtungsgebieten** den Bemühungen um mehr Umweltschutz entgegen, da der von den meisten Bürgern bevorzugte private **Kraftfahrzeug**verkehr zu den größten umweltbelastenden Faktoren zählt. Nach Untersuchungen ist die V. in erster Linie abhängig von der zu erwartenden Reisezeit, aber auch von anderen Faktoren wie Bequemlichkeit, Vorhandensein eines eigenen Pkw, vom Kostenvorteil u. a. Planerische Maßnahmen zielen darauf ab, dem **öffentlichen Personennahverkehr** Zeit- und Bequemlichkeitsvorteile gegenüber dem privaten Kraftfahrzeugverkehr einzuräumen (z. B. durch Einrichtung eigener Fahrspuren).

→ **Park + Ride**

Verkehrsplanung

Vorausschauende Entwicklung und Ordnung des gesamten **Verkehrsaufkommen**s bei Berücksichtigung des Verkehrsbedarfs. Die V. hat alle Verkehrsarten und Verkehrsträger gleichermaßen zu berücksichtigen, oft wird jedoch der motorisierte Straßenverkehr bevorzugt. Zu den bei der Planung zu berücksichtigenden **Verkehrswegen** zählen Luftfahrtswege und Wasserstraßen ebenso wie Rad-, Fuß- und Reitwege, Verkehrsstraßen, Bahn- und Buslinien. Die V. wird ähnlich der **Straßenplanung** auf verschiedenen Ebenen betrieben. In der V. werden theoreti-

sche Rechenmodelle zur Verkehrserzeugung, Verkehrsverteilung, **Verkehrsmittelwahl** und Verkehrswegewahl sowie zur Verkehrsprognose herangezogen. Die Verwendung dieser Rechenmodelle erschwert oft die Durchschaubarkeit der Planungsgrundlagen und der von den Planern getroffenen Annahmen. Oft wird übersehen, daß Rechenmodelle nur der Entscheidungsvorbereitung dienen und nicht die Entscheidung selbst liefern können, zumal sie nur eine unter mehreren Planungshilfen darstellen. Auch läuft diese weitentwickelte Planungsmethodik Gefahr, die sensible städtebauliche Analyse und die Suche nach umweltverträglichen, in das städtische Gesamtgefüge eingepaßten Verkehrsarten und -wegen weitgehend zu verdrängen.
→ **Bürgerbeteiligung, Bundesfernstraßengesetz, Flächennutzungsplan, Flächenverbrauch, Generalverkehrsplan, Mobilität, Planfeststellungsverfahren, Raumordnungsverfahren, Straßenbegleitgrün, Straßenplanung**

Verkehrssicherheit → Verkehrsunfälle

Verkehrsspitzen

Zu bestimmten Zeiten auftretende Höchstbelastungen auf **Verkehrswegen.** Ursachen für V. können z. B. der Berufsverkehr, bestimmte Veranstaltungen u. a. sein. Die Auslegung der Verkehrswege nach den Belastungen in den V. ist kostenintensiv und hat oft zum übermäßigen Straßenausbau geführt. Hier sollten vielmehr die Ursachen der V. beseitigt werden, z. B. durch gestaffelte Arbeitszeiten (Gleitzeit) usw.

Verkehrsunfälle

Im Jahre 1978 passierten auf den Straßen der Bundesrepublik Deutschland insgesamt 380 138 Unfälle mit Personenschäden. Dabei wurden 14 580 Erwachsene und 1245 **Kinder** getötet, 151 500 Erwachsene und 23 500 Kinder schwer verletzt (als schwerverletzt gilt, wer mehr als 24 Stunden stationär behandelt werden muß) und 357 057 Erwachsene sowie 43 200 Kinder leicht verletzt. In einem Zeitraum von 10 Jahren (1968 bis 1977) wurden so insgesamt 165 623 Menschen in V. getötet und 4,9 Mio Menschen verletzt. Durchschnittlich wird jeder zweite Bundesbürger im Laufe seines Lebens im Straßenverkehr ver-

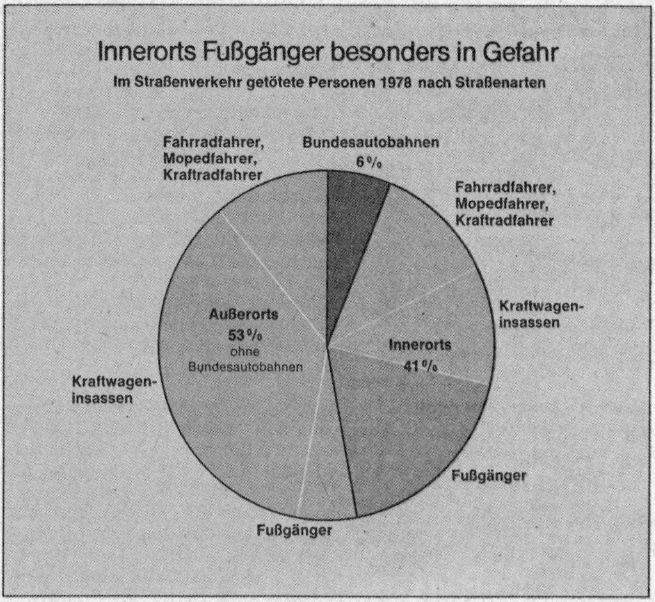

(Quelle: Verband der Automobilindustrie e. V.)

letzt, jeder Bundesbürger ist im Laufe seines Lebens rund neun Mal an Verkehrsunfällen beteiligt.
→ **Unfallentwicklung**

Verkehrsverbund

Zusammenschluß verschiedener Verkehrsträger (Bundesbahn, öffentliche und private Verkehrsbetriebe) innerhalb einer bestimmten Region. Vorteile des V. sind u. a. rationelle Ausnutzung der Fahrzeuge, optimaler Einsatz des jeweils günstigen Verkehrssystems sowie einheitliche Tarifstruktur im gesamten Gebiet.
→ **Öffentlicher Personennahverkehr**

V

Verkehrswege

1978 standen in der Bundesrepublik Deutschland für den **Kraftfahrzeug**verkehr 7029 km Bundesautobahnen, 32 300 km Bundesstraßen, 131 400 km Landes-, Staats- und Kreisstraßen, 302 000 km Gemeindestraßen und für den Schienenverkehr 31 721 km Schienenwege zur Verfügung. Hinzu kommen Wasserstraßen und Luftwege.

→ **Verkehrsplanung**

Verursacherprinzip

Tragendes Prinzip der Umweltpolitik, wonach eine volkswirtschaftlich sinnvolle und schonende Nutzung der Naturgüter am ehesten erreicht wird, wenn die Kosten zur Vermeidung, zur Beseitigung oder zum Ausgleich von Umweltbelastungen dem Verursacher zugerechnet werden. Die Bundesregierung versteht das Verursacherprinzip im Umweltschutz als Kostenzurechnungsgrundsatz; Schadenersatz- oder Haftungspflichten werden dadurch nicht begründet. Bedenkt man, daß der **Kraftfahrzeug**verkehr bei Berücksichtigung der durch ihn verursachten **sozialen Kosten** sich nur zu einem Viertel selbst trägt, also drei Viertel der Kosten von der Allgemeinheit aufgebracht werden müssen, so findet man hier eine große Verletzung des V.

Die wichtigsten Instrumente zur Durchsetzung des V. sind Verfahrens- und Produktnormen, Gebote, Verbote und Einzelanordnungen sowie Abgabenregelungen, die den Verursacher ökonomisch dazu anhalten, von ihm ausgehende Umweltbelastungen mit eigenen Mitteln zu verringern. Für die Wahl des Instruments im Einzelfall ist maßgebend, auf welche Weise eine möglichst hohe Umweltqualität erreicht werden kann und welches Verfahren als wirtschaftlich und verwaltungstechnisch günstigste Lösung erscheint.

→ **Kraftfahrzeugkosten, Vorsorgeprinzip**

Vorsorgeprinzip

Tragendes Prinzip der Umweltpolitik, wonach über die Abwehr drohender Gefahren und die Beseitigung eingetretener Schäden hinaus die Naturgrundlagen geschützt und schonend in Anspruch genommen werden. Durch entsprechende Maßnahmen soll dem Entstehen von Umweltbelastungen vorgebeugt

werden; Umweltbelastungen sind möglichst zu vermeiden oder auf ein nach dem **Stand der Technik** erreichbares Mindestmaß zu beschränken (z. B. „Luft nicht so belastet wie zulässig, sondern so sauber wie möglich“). Dabei sind ökologische Gesichtspunkte zu berücksichtigen und es ist zu beachten, daß Entlastungen in einem Bereich nicht zu Verlagerungen der Umweltbelastungen auf andere Bereiche führen.
Im Bereich des **Kraftfahrzeug**verkehrs ist das V. nur ungenügend verwirklicht. So sind z. B. bestimmte Maßnahmen zur Verringerung schädlicher Umweltauswirkungen technisch durchaus möglich, unterbleiben aber aus Kostengründen.
→ **Verursacherprinzip**

Wankel-Motor

(Kreiskolbenmotor) In einem wassergekühlten Gehäuse bildet ein Kreiskolben in Form eines Dreiecks drei periodisch kleiner bzw. größer werdende gegeneinander abgeschlossene und um 120° versetzte Arbeitsräume. In jedem dieser Räume läuft während einer Umdrehung des Kolbens ein Viertakt-Otto-Prozeß ab. Der W. ist wegen seiner rein rotatorischen Bewegung und seiner wenigen bewegten Teile leiser als der **Otto-Motor.** Sein ungünstiger Verbrennungsraum führt aber zu höherem Verbrauch und Problemen bei der **Abgas**belastung. Der hohe **Kraftstoff**verbrauch hat ein Vordringen des W. bisher verhindert.

Wartung

Die regelmäßige Kontrolle von **Kraftfahrzeug**en und der Austausch defekter oder stark abgenutzter Teile ist nicht nur Voraussetzung für einen störungsfreien Betrieb, sondern auch für ein zufriedenstellendes **Lärm-** und **Abgas**verhalten. Durch eine ausreichende W. können die vom Kraftfahrzeug ausgehenden Umweltbelastungen um ein Vielfaches vermindert werden.
→ **Prüfung von Kraftfahrzeugen**

Wassergefährdende Stoffe

Sämtliche Stoffe, die grundsätzlich oder von einer bestimmten Menge/Konzentration die Beschaffenheit von Gewässern nachteilig verändern können. Hierzu gehören chemische Stoffe wie Mineral**öle** und deren Produkte, **Schwermetalle** und **Kohlenwasserstoffe.**

W

Wasserstoffmotor
Mit Wasserstoff betriebener Motor, bei dessen Verbrennung nahezu keine schädlichen **Abgase** entstehen. Bei dem Einsatz des W. bestehen zur Zeit noch große Probleme. Bei der Herstellung von Wasserstoff muß mehr Energie aufgewendet werden als später bei der Verbrennung zurückzugewinnen ist. Ein weiteres großes Problem ist die Lagerung von Wasserstoff. Ein Tank, der Wasserstoff für eine Fahrstrecke von 900 km faßt, würde zur Zeit ebensoviel wiegen, wie ein kompletter Mittelklassewagen (rund 1 Tonne). Ein Ausweg hieraus bietet evtl. der zur Zeit in der Entwicklung befindliche „Metall-Hydrid-Speicher", bei dem der Wasserstoff mit dem Metall in eine lose Verbindung gebracht wird, so daß er sich bei Bedarf von diesem lösen läßt.
→ **Gasmotor**

Z

Zweiräder
Motorlose **(Fahrrad)** und motorbetriebene zweirädrige Fahrzeuge. Motorbetriebene Z. werden nach der **Straßenverkehrszulassungsordnung** nach Hubraum und Höchstgeschwindigkeit in **Krafträder, Leichtkrafträder, Kleinkrafträder, Mopeds** und **Mofas** eingeteilt. Mit Ausnahme der Krafträder und der Leichtkrafträder sind alle Zweiräder auf einen Hubraum von 50 Kubikzentimeter begrenzt. Am 31. 12. 1976 waren in der Bundesrepublik Deutschland folgende Z. registriert: 1 271 543 Mofas, 449 716 Mopeds, 124 573 Mokicks, 211 977 Kleinkrafträder und 300 256 Krafträder. Die „Zweiraddichte" steigt mit der Abnahme des Angebots an öffentlichen Verkehrsmitteln. In den Hauptverkehrszeiten der Großstädte sind wenige Z. anzutreffen. In kleineren Städten und Gemeinden (unter 50 000 Einwohnern) ist die Zahl der Z. doppelt so groß wie in Städten über 50 000 Einwohnern.
→ **Lärmarmes Kleinkraftrad**

Zweitraffinate
Durch physikalische und chemische Verfahren aus **Altöl** hergestellte Schmieröle. Bei der Zweitraffination werden alle **Additive** und Verunreinigungen, die in das ursprüngliche Grundöl bei seiner Verarbeitung, durch den Gebrauch oder durch nachträgliche Beimischung hineingelangt sind, wieder abgetrennt.

Zur Zeit gibt es in der Bundesrepublik Deutschland 10 Altölaufbereitungsunternehmen, die im Jahre 1978 97 250 Tonnen Schmierstoffe durch Altölraffination hergestellt haben.

→ **Recycling**

55 TIPS
für
umweltbewußtes
Autofahren
von A bis Z

Beim ANFAHREN

das Fahrzeug nicht im Stand warmlaufen lassen, sondern während der Fahrt! Wenn Sie sofort losfahren, erreicht der Motor am schnellsten die richtige Betriebstemperatur; dadurch sparen Sie Benzin, vermeiden schädliche Abgaskonzentrationen und belästigen Ihre Mitbürger nicht durch den Lärm des laufenden Motors.

Den AUSFLUG

in's Grüne müssen Sie nicht immer mit dem Auto unternehmen! Gönnen Sie Ihrem Auto am Sonntag eine Pause. Wandern Sie mit Ihrer Familie einmal zu Fuß oder fahren Sie mit dem Rad, mit Bus oder Bahn zum Ausflugsziel. Das ist umweltfreundlich und gesund: Sie ersparen sich die Abgaskonzentrationen im Verkehrsstau und den Streß bei der Parkplatzsuche und haben mehr Zeit für Ihre Familie!

AUSPUFFLÄRM

ist lästig! Wer den defekten Auspuff seines Fahrzeuges nicht repariert oder Manipulationen vornimmt, um den Auspufflärm zu verstärken, macht sich strafbar!

AUTORADIO

nicht bei offener Tür oder offenen Fenstern mit voller Lautstärke spielen lassen! Nehmen Sie beim Betrieb Ihres Radios besonders zur Nachtzeit und frühmorgens Rücksicht auf Ihre Mitbürger.

An BAHNÜBERGÄNGEN

mit längerer Wartezeit als 30 Sekunden den Motor abstellen: damit vermeiden Sie Lärm, schädliche Abgaskonzentrationen und sparen Kraftstoff.

Die leere BATTERIE

nicht in die Mülltonne werfen, sondern über eine Werkstatt oder Tankstelle dem Recycling zuführen; das Blei der leeren Batterie ist ein wichtiger Rohstoff, auf der Deponie jedoch ein gefährliches Umweltgift!

Die BATTERIEFLÜSSIGKEIT

nicht verschütten, da sie Schwefelsäure enthält, die sehr ätzend wirkt!

BENZIN

enthält 2 bis 5 % krebserregendes Benzol und organische Bleiverbindungen, die giftig sind. Vermeiden Sie deshalb den Hautkontakt mit Benzin und das Einatmen von Benzindämpfen, z. B. beim Tanken.

BREMSBELÄGE

enthalten gesundheitsschädliches Asbest, das mit dem Abrieb in die Umwelt gelangt. Fragen Sie deshalb nach asbestfreien Bremsbelägen, die bereits für einige Fahrzeugtypen im Angebot sind.

Den CHOKE,

wenn vorhanden, möglichst frühzeitig nach dem Anfahren wieder zurückschieben. Kraftstoff-Verbrauch und die Emissionen gesundheitsschädlicher Kohlenwasserstoffe können sonst leicht auf das Doppelte und Dreifache ansteigen!

DACHGEPÄCKTRÄGER

erhöhen den Luftwiderstand und kosten deshalb Benzin! Nach Messungen des ADAC verbraucht ein Mittelklassewagen bei konstant 130 km/h auf 100 km

- mit leerem Dachgepäckträger gut 12 %,
- mit beladenem Dachgepäckträger und Plane bis zu 20 %,
- und mit beladenem Dachgepäckträger ohne Plane sogar bis zu 25 % mehr Benzin!

Überprüfen Sie deshalb, ob der auf dem Dach angebrachte Gepäck- oder Ski-Träger tatsächlich dauernd montiert bleiben muß!

EINKAUFSFAHRTEN

in die City sollte man besser mit öffentlichen Verkehrsmitteln unternehmen: das kann viel Zeit und Geld (z. B. Parkgebühren) sparen und schont Ihre Gesundheit und die Umwelt. Der ADAC hat ausgerechnet, daß an verkaufsoffenen Samstagen allein der Parkplatz-Suchverkehr bis zu 75 % des gesamten Straßenverkehrs ausmacht! Im zähflüssigen Stadtverkehr mit häufigem Anhalten und Anfahren sind die Abgasemissionen und der Benzinverbrauch extrem hoch.

FAHRGEMEINSCHAFTEN

helfen, das Fahrzeug optimal zu nutzen: wenn Sie die Raumkapazität Ihres Autos voll nutzen können und zu viert täglich die gleiche Strecke fahren, können Sie leicht bis zu 70 % der Fahrkosten einsparen und die Umwelt spürbar entlasten. Hören Sie sich deshalb am Arbeitsplatz oder in der Nachbarschaft einmal um, ob jemand zusammen mit Ihnen fahren könnte, oder Sie selbst bei einem Kollegen mitfahren können.

Die FAHRERTÜR

wird im Laufe von 100 00 km im Normalbetrieb durchschnittlich 38 000 mal betätigt, bei reinem Stadtverkehr sogar 77 000 mal; deshalb unnötigen Lärm vermeiden und die Autotüren leise schließen.

Eine ausgeglichene FAHRWEISE

schont die Umwelt und spart Kraftstoff; wer rechtzeitig schaltet und auf kräftige Brems- und Beschleunigungsvorgänge verzichtet, vermeidet unnötigen Lärm, übermäßige Abgasemissionen und kann auf gleicher Strecke bis zu 45 % Kraftstoff sparen!

Am FAHRWERK

sind es die folgenden Faktoren, die Ihren Benzinverbrauch in die Höhe treiben und damit zusätzliche Umweltbelastungen verursachen:

— zu niedriger Reifendruck,
— defekte Radlager,
— schleifende Bremsen,
— rutschende Kupplung.

FLECKEN

auf dem Boden unter dem Fahrzeug können auf gefährliche Defekte am Auto hinweisen und verschmutzen die Umwelt. Schon wenige Tropfen Öl können große Mengen Wasser so verschmutzen, daß es für die Trinkwasserversorgung unbrauchbar wird!
Wie können Sie feststellen, was unter Ihrem Auto auf den Boden tropft? Breiten Sie über Nacht einen großen Bogen Papier unter Ihrem Fahrzeug aus, sichern Sie das Papier evtl. mit Steinen vor dem Wegfliegen, und Sie können am nächsten Morgen genau die Flecken sehen, die über Nacht neu aufgetreten sind. Wenn Sie Motor- und Getriebeöl feststellen, sollten Sie Ihr Auto unbedingt in eine Werkstatt oder Tankstelle auf undichte Stellen untersuchen lassen und bis dahin nicht mehr auf unbefestigten Bodenflächen parken!

Die GÄNGE

nicht zu hoch ausfahren! Legen Sie so oft wie möglich — auch im Stadtverkehr — den sparsamen 4. (oder 5.) Gang ein. Wer die Gänge „hochjubelt", belastet seine Umwelt mit einem Mehrfachen an Lärm und Abgasen und vergeudet Sprit! Bei 50 km/h konstanter Fahrt verbraucht ein Mittelklassewagen z. B. pro 100 km im 2. Gang 7,5 Liter, im 3. Gang 5,5 Liter und im 4. Gang nur noch 4,5 Liter Kraftstoff.

Wer stets mit vollen Touren jagt, wird von der Umwelt angeklagt!

Das GASPEDAL

nur zu zwei Drittel durchtreten. Ihr Motor arbeitet im sogenannten Teillastbereich am wirtschaftlichsten und umweltschonensten.

Das GEBLÄSE

abschalten, wenn Sie in einen Stau geraten sind; Sie vermeiden dann übermäßig hohe Abgaskonzentrationen im Wageninneren, die gesundheitsschädlich sind und Ihre Konzentrationsfähigkeit beeinträchtigen.

GEHWEGPARKEN

behindert Fußgänger und (auf Radwegen) die Fahrradfahrer. Da die nichtmotorisierten Verkehrsteilnehmer ohnehin den wenigsten Platz haben, sollten Sie diesen durch rücksichtsloses Parken nicht noch weiter beschränken. Achten Sie beim Parken auch auf Pflanzen und Bäume, die für uns alle eine lebenswichtige Funktion haben. Beschädigen Sie nicht die Rinde eines Baumes und fahren Sie nicht näher als 2 m an einen Baum heran; Ihr Auto verdichtet durch sein Gewicht den Boden und zerstört die Lebensgrundlagen des Baumes!

GRÜNE WELLE

durch vorausschauendes Fahren nutzen! Der vernüftige Fahrer vermeidet den „Kavalierstart" an der Ampel, verzichtet auf den unsinnigen „Spurt" zwischen den Ampeln und erreicht die folgende Ampel so, daß er, ohne zurückschalten oder gar anhalten zu müssen, durchfahren kann.

Beim HALTEN

an Bahnschranken, im Stau oder bei längerem Ampelstop Motor abstellen; das spart Benzin und schont die Umwelt. Bei 3 Minuten Leerlauf verbraucht der Motor soviel Kraftstoff wie bei 1 km freier Fahrt!

HECKKLAPPEN

nicht unnötig laut schließen. Die Heckklappe wird bei 100 00 km Laufzeit durchschnittlich 5 000 mal betätigt, im reinen Stadtverkehr sogar doppelt so viel!

Die HÖCHSTGESCHWINDIGKEIT

Ihres Fahrzeuges nie voll ausfahren; das gilt vor allem auf langen Autobahnstrecken! Sie sparen dabei Benzin und vermeiden übermäßigen Lärm und Abgasbelastungen; darüber hinaus erhöhen Sie auch Ihre Sicherheit und die Lebensdauer Ihres Fahrzeugmotors! Schon wenn Sie auf die letzten 5 km/h verzichten, sparen Sie 10 % Kraftstoff; bleiben Sie sogar 20 % unter der möglichen Höchstgeschwindigkeit, sparen Sie schon 30 % Ihres Kraftstoffs!

Die KAROSSERIE

Ihres Fahrzeuges kann Ursache eines überhöhten Benzinverbrauchs sein, vor allem, wenn Sie mit
— Dachgepäckträger,
— offenen Fenstern,
— überlanger Antenne

fahren. Achten sie auf diese Punkte und vermeiden Sie überflüssigen Kraftstoffverbrauch.

Beim KAUF

eines Autos sollten Sie umweltfreundliche und benzinsparende Modelle bevorzugen. Fragen Sie nach den Werten für Lärm und Abgase. Achten Sie beim Kauf auf die folgenden Punkte, die einen umweltschonenden Betrieb erleichtern:

— möglichst geringes Fahrzeuggewicht,
— günstiger Luftwiderstand,
— Serien-Einbau vollelektronischer Zündanlagen,
— Vorhandensein einer Abgas-Turboaufladung,
— Grundausstattung mit sparsam ausgelegtem 5-Gang-Getriebe,
— Motorabschaltung im Leerlauf.

Der „KAVALIERSTART"

macht den meisten Lärm und kommt auch sonst teuer zu stehen! Denn abruptes Gasgeben kostet Kraftstoff, verschleißt die Reifen und belastet unsere Umwelt mit viel Abgasen. Der spurtschnelle Fahrer ist zwar schneller an der nächsten Ampel, doch diese ist meist noch auf „Rot", so daß ein erneutes Abbremsen und Wiederanfahren notwendig wird. Deshalb:
„Kavalierstarts" vermeiden und vorausschauend fahren!

Die KILOMETER-PAUSCHALE

gilt auch für Fahrgemeinschaften! Jeder Arbeitnehmer kann für Fahrten, die er mit seinem eigenen Wagen zwischen Wohnung und Arbeitsstätte macht, einen Pauschalbetrag von 0,36 DM pro Kilometer als Werbungskosten von der Steuer absetzen. Wer sich von anderen mitnehmen läßt und dem Fahrzeughalter dafür seinen Anteil an den Fahrkosten erstattet, kann gegenüber seinem Finanzamt denjenigen Betrag steuerlich geltend machen, den er hierfür entrichtet.

KURZSTRECKENFAHRTEN

mit dem Auto sollten Sie am besten unterlassen! Ein kalter Motor verbraucht auf solchen Strecken bis zu 40 % mehr als normal und verpestet unnötig unsere Luft! Gehen Sie zum Briefkasten um die Ecke lieber zu Fuß oder benutzen Sie für den Weg zum Sportplatz, Schwimmbad oder Trimm-Dich-Pfad das Fahrrad! Das ist nicht nur gesünder, sondern auch billiger und umweltfreundlicher!

LANGSAMFAHREN

auf freier Strecke außerhalb von Ortschaften behindert — wenn unnötig — den Verkehrsfluß und verursacht höheren Benzinverbrauch sowie mehr Lärm und Abgas. Wenn hundert Autofahrer in einer Autoschlange durch einen Langsamfahrer gezwungen werden, über eine Strecke von 10 km ihre Geschwindigkeit von 60 km/h auf 30 km/h zu senken, so kostet das über 20 Liter Benzin und verursacht entsprechend höhere Abgasbelastungen. **Mutwilliges** Langsamfahren wird deshalb nach der neuen Straßenverkehrsordnung mit Bußgeld bestraft.

Auch im LEERLAUF

verbraucht Ihr Fahrzeug Benzin und verschmutzt die Luft. Schon nach einer halben Minute Leerlauf hat ihr Motor mehr

Abgase produziert als durch Abstellen und erneutes Anlassen. Bei drei Minuten Leerlauf verbrauchen Sie ebenso viel Kraftstoff wie bei 1 km Fahrt!

LÜCKENSPRINGEN

kostet Kraftstoff, Nerven und ist umweltschädlich!
Bei einem ADAC-Test auf einer 28 km langen, mit 32 Ampeln versehenen Stadtverkehrsstrecke benötigte ein eiliger „Lückenspringer" 32 Minuten, ein anderer, vorausschauender Fahrer nur 7 Minuten länger. Diesen Zeitgewinn bezahlte der Eilige mit

— einem 40 % höheren Benzinverbrauch,
— hohem Streß (65 Schaltvorgänge mehr, 13 zusätzliche Ampelstops, 25 Bremsungen mehr),
— 36 % mehr Abgasen.

Dazu kommen die stärkere Lärmbelästigung durch häufiges Anfahren, Beschleunigen und Abbremsen sowie das höhere Gefährdungsrisiko für sich selbst und die anderen Verkehrsteilnehmer.

Den LUFTFILTER

mindestens einmal im Jahr prüfen lassen! Ist der Luftfilter verschmutzt oder verstopft, kann das den Ausstoß an schädlichen Abgasen erhöhen und bis zu 10 % Mehrverbrauch an Sprit verursachen!

Auch MEHRGEWICHT

läßt den Kraftstoffverbrauch und die Abgasemissionen ansteigen: bei 100 kg Zuladung verbrauchen Sie auf 100 km rund 1 Liter Kraftstoff mehr. Deshalb sollten Sie unnötigen Ballast vermeiden und gelegentlich auch den Kofferraum einmal entrümpeln.

METALLIC-LACKIERUNGEN

belasten beim Auftragen die Umwelt durch hohe Lösungsmittel-Abgase; diese enthalten u. a. aromatische Kohlenwasserstoffe und sind sehr gesundheitsschädlich. Überprüfen Sie deshalb, ob Ihr Fahrzeug unbedingt eine Metallic-Lackierung braucht!

Die MOTORWÄSCHE

sollte man nur in einer Werkstatt oder Tankstelle vornehmen lassen; denn bei der Motorreinigung entsteht eine Wasser-Öl-Emulsion, die nur über einen Ölabscheider abfließen darf! Wer den Motorraum seines Autos zu Hause selbst reinigt, kann erhebliche Umweltbelastungen verursachen!

Den ÖLSTAND

erst messen, wenn der Motor schon mindestens fünf Minuten abgestellt ist; sonst wird zuwenig angezeigt und zuviel nachgefüllt. Zuviel Öl bedeutet unnötig hohen Reibungswiderstand und damit Mehrverbrauch an Kraftstoff.

Der ÖLVERBRAUCH

erhöht sich bei hohen Temperaturen im Sommer, bei schnellen Autobahnfahrten, aber auch im Kurzstreckenverkehr! Im Kurzstreckenverkehr erreicht der Motor nur selten optimale Betriebstemperaturen, so daß unverbrannter Kraftstoff und Kondenswasser ins Öl geraten; dadurch wird die Schmierfähigkeit des Öls beeinträchtigt und das Öl muß häufiger gewechselt werden.

Zum ÖLWECHSEL

gehört das Auto dorthin, wo Öl- und Benzinabscheider dafür sorgen, daß Altöl keinen Schaden anrichten kann, also zur Tankstelle oder in die Werkstatt. Wer den Ölwechsel selbst vornimmt, ist verpflichtet, das Altöl ordnungsgemäß zu beseitigen, d. h. zur Altölsammelstelle zu bringen. Wer Altöl einfach in die Erde oder die Kanalisation laufen läßt, ist ein übler Umweltverschmutzer und muß mit hohen Strafen rechnen!

Das „PARK AND RIDE"-System

soll die Innenstädte vom Autoverkehr entlasten. Nutzen Sie diese Möglichkeit, die schon in vielen Städten angeboten wird: Stellen Sie Ihr Auto auf den eigens dafür eingerichteten Parkplätzen an den Stadtgrenzen ab und fahren Sie anschließend mit den öffentlichen Verkehrsmitteln in die Innenstadt.

Die REIFEN

sind beim Pkw ab 70 bis 80 km/h lauter als der Motor! Bei **nasser Fahrbahn** erzeugen die Reifen Zischgeräusche mit hohen Frequenzen, die den Reifenlärm noch störender machen.

Der REIFENDRUCK

muß stimmen, wenn Sie sicher, umweltschonend und benzinsparend fahren wollen. Falscher Reifendruck führt nicht nur zu risikoreicherem Fahren und zum vorzeitigen Reifenverschleiß, sondern auch zu höherem Kraftstoffverbrauch: bei 0,5 bar zu wenig Reifendruck verbrauchen Sie 5 % mehr Sprit und verursachen entsprechend höhere Abgasemissionen! Kontrollieren Sie deshalb regelmäßig den Reifendruck!

RUNDERNEUERTE REIFEN

sind vom Bundesminister des Innern als besonders umweltfreundliche Produkte mit dem Umweltzeichen ausgestattet worden. Sie können runderneuerte Reifen u. a. bei folgenden Firmen beziehen:

Härdtle Reifen GmbH
7900 Ulm

Reifen-Darley
4710 Lüdinghausen

Reifen-Krüger KG
5090 Leverkusen 3

Gummi-Mayer KG
6740 Landau

Reifen-Braatz
2210 Itzehoe

Reifen-Riesener
GmbH & Co KG
5400 Koblenz-Lützel

Gummiwerke Kraiburg
GmbH & Co
8264 Waldkraiburg

Reifen Vergölst
6350 Bad Nauheim

Der SICHERHEITSABSTAND

ist nicht nur für ihre Verkehrssicherheit wichtig; er hilft Ihnen auch, umweltfreundlich und benzinsparend zu fahren; bei ausreichendem Sicherheitsabstand können Sie auf viele Abbrems- und Beschleunigungsvorgänge verzichten, die Lärm- und Abgasbelastungen verursachen und viel Kraftstoff kosten!

SPORTAUSPUFFANLAGEN

machen Autos laut! Nach Untersuchungen des Umweltbundesamtes sind Sportauspuffanlagen in Extremfällen bis 100 mal lauter als Serienanlagen; sie können darüber hinaus die Motorleistung beeinträchtigen und haben in den meisten Fällen eine geringere Lebensdauer als Serienauspuffanlagen.

STAUUNGEN

sind nicht nur ärgerlich, sondern auch teuer.
Sinkt die Durchschnittsgeschwindigkeit von 50 km/h auf Fußgängertempo (3,5 km/h), so verbrauchen Sie die sechfache Kraftstoffmenge. Nehmen Sie also lieber einen Umweg in Kauf, wenn Sie dadurch flüssiger vorankommen.
Wenn Sie jedoch in einen Stau geraten sind, so stellen Sie bei längerem Halten den Motor ab; Sie paren dabei nicht nur Benzin, sondern bewahren unsere Umwelt auch vor schädlichen Abgaskonzentrationen!

Der STRASSENBELAG

beeinflußt wesentlich die Rollgeräusche Ihrer Fahrzeugreifen: Asphalt-Feinbeton gilt als der zur Zeit leiseste Straßenbelag; Gußasphalt- und Beton-Beläge erhöhen den Reifenlärm um 1 bis 3 dB(A), Pflaster sogar um 7 bis 8 dB(A)! Denken Sie daran wenn Sie wieder auf einer gepflasterten Straße fahren!

TANKEN

Sie Ihr Fahrzeug nie randvoll und verschütten Sie beim Tanken kein Benzin! Benzindampf enthält stark gesundheitsgefährdende Stoffe wie Kohlenwasserstoffe und organische Bleiverbindungen und sollte deshalb nicht eingeatmet werden! Aus einem randvollen Tank würde das kostbare Naß zudem durch die Entlüftungsleitungen auf die Straßen entweichen!

Die URLAUBSREISE

mit dem Auto sollten Sie so planen, daß Sie Staus nach Möglichkeit vermeiden. Prüfen Sie, ob Sie mit einem Autoreisezug nicht schneller und bequemer ans Ziel kommen; das erspart Ihnen nicht nur viel Streß, sondern ist auch umweltfreundlicher!

Den VERGASER

bei Inspektion oder Reparaturen in der Werkstatt richtig einstellen lassen! Ein schlecht eingestellter Vergaser kann bis zu 20 % mehr Kraftstoff verbrauchen und entsprechend mehr Abgase verursachen!

WARTUNGSMÄNGEL

verursachen unnötige Umweltbelastungen und kosten Kraftstoff; am Motor sind dies vor allem folgende Mängel:

- falsch eingestellter Vergaser,
- falsch eingestellte Zündung,
- schlechte Kompression,
- falsch eingestelltes Ventilspiel,
- defekte Thermostate,
- abgenutzte Zündkerzen,
- abgenutzte Unterbrecherkontakte,
- verschmutzte Luftfilter,
- falsche Klappenstellung am Luftfilter (Winter/Sommer).

Eine regelmäßige Wartung Ihres Fahrzeuges kommt deshalb nicht nur Ihrer Sicherheit und der Lebensdauer Ihres Motors zugute, sondern hilft auch, Energie zu sparen und unsere Umwelt zu schonen.

WASCHEN

sollte man sein Auto nur an den vorgesehenen Waschplätzen, an Tankstellen oder Waschanlagen; denn bei jeder Autowäsche werden Benzin- und Ölreste abgeschwemmt, die nur über spezielle Benzin- und Ölabscheider abfließen dürfen. Schon geringe Mengen Öl können das Wasser verschmutzen und als Trinkwasser ungenießbar machen. Wer seinen Wagen an oberirdischen Gewässern wäscht, muß mit hohen Bußgeldern rechnen!

ZÜNDANLAGE

bei Inspektionen in der Werkstatt auf richtige Einstellung überprüfen lassen. Eine falsch eingestellte Zündung erhöht die Abgasemissionen und den Spritverbrauch!

ZÜNDKERZEN

die abgenutzt und verrußt sind, führen zu schlechter Leistung, zu höheren Abgasemissionen und zur Vergeudung von Kraftstoff. Achten Sie deshalb darauf, daß auch die Zündkerzen regelmäßig kontrolliert und — falls erforderlich — gewechselt werden. Bei einer gut gepflegten elektrischen Anlage lassen sich auch die störenden Anlassergeräusche auf ein Mindestmaß vermindern.